# MARCO POLO

# Bulgarien

Reisen mit Insider Tipps

Diesen Führer schrieb Magarditsch Hatschikjan. Er wurde in Sofia geboren, lebt in Köln und beschäftigt sich als Wissenschaftler mit Südosteuropa.

**www.marcopolo.de**
Infos zu den beliebtesten Reisezielen im Internet, siehe auch Seite 103

MAIRS GEOGRAPHISCHER VERLAG

## SYMBOLE

 **MARCO POLO INSIDER-TIPPS:**
Von unserem Autor für Sie entdeckt

 **MARCO POLO HIGHLIGHTS:**
Alles, was Sie in Bulgarien kennen sollten

 HIER HABEN SIE EINE SCHÖNE AUSSICHT

 WO SIE JUNGE LEUTE TREFFEN

## PREISKATEGORIEN

**Hotels**
€€€  über 60 Euro
€€   30–60 Euro
€    bis 30 Euro

Die Preise gelten für zwei Personen im Doppelzimmer pro Nacht mit Frühstück.

**Restaurants**
€€€  über 20 Euro
€€   10–20 Euro
€    bis 10 Euro

Die Preise gelten für ein Essen mit Vor-, Haupt- und Nachspeise inklusive Getränke.

## KARTEN

**[114 A1]** Seitenzahlen und Koordinaten für den Reiseatlas Bulgarien und die Karte von Varna auf Seite 81

**[U A1]** Koordinaten für die Karte von Sofia im hinteren Umschlag

**[0]** außerhalb des Kartenausschnitts

Zu Ihrer Orientierung sind auch die Orte mit Koordinaten versehen, die nicht im Reiseatlas eingetragen sind.

## GUT ZU WISSEN

Zwischen den Zeilen **10** · Bulgarische Spezialitäten **20**
Gabrovci **60** · Berühmte Bulgaren **71** · Feuertänze **76**
Das bulgarische Alphabet und Transkription **108**

# INHALT

| | |
|---|---|
| **DIE BESTEN MARCO POLO INSIDER-TIPPS** | vorderer Umschlag |
| **DIE WICHTIGSTEN MARCO POLO HIGHLIGHTS** | 4 |
| **AUFTAKT** | 7 |
| Entdecken Sie Bulgarien! | |
| Geschichtstabelle | 8 |
| **STICHWORTE** | 13 |
| Horo und Martenica, Metodij und Rakija | |
| **ESSEN & TRINKEN** | 19 |
| Wo das Gemüse noch Geschmack hat | |
| **EINKAUFEN** | 23 |
| Das Abenteuer der Entdeckung | |
| **FESTE, EVENTS UND MEHR** | 24 |
| **SOFIA** | 27 |
| Kulturmetropole vor grüner Kulisse | |
| **SÜDWEST-BULGARIEN** | 41 |
| Die Gipfel und Seen von Pirin und Rila | |
| **ZENTRAL-BULGARIEN** | 49 |
| Geschichte sehen und erleben | |
| **NORDOST-BULGARIEN** | 65 |
| Das Zentrum des alten Bulgarien | |
| **SCHWARZMEERKÜSTE** | 73 |
| Rote Felsen, grüne Wälder, weißer Sand | |
| **AUSFLÜGE & TOUREN** | 89 |
| Balkan, Bergseen, Badestrände | |
| **SPORT & AKTIVITÄTEN** | 95 |
| Von allem ein bisschen | |
| **MIT KINDERN REISEN** | 99 |
| Überall dabei | |
| **ANGESAGT!** | 100 |
| **PRAKTISCHE HINWEISE** | 101 |
| Von Anreise bis Zoll | |
| **SPRACHFÜHRER** | 107 |
| **REISEATLAS BULGARIEN** | 111 |
| **KARTENLEGENDE REISEATLAS** | 113 |
| **MARCO POLO PROGRAMM** | 125 |
| **REGISTER** | 126 |
| **IMPRESSUM** | 127 |
| **BLOSS NICHT!** | 128 |

# Die wichtigsten
## MARCO POLO Highlights

**Sehenswürdigkeiten, Orte und Erlebnisse, die Sie nicht verpassen sollten**

 **Sveti Aleksandâr Nevski**
In Sofia steht der wohl prächtigste Kirchenbau des 20. Jhs. auf dem Balkan (Seite 31)

 **Vitoša-Gebirge**
Man muss ein wenig Glück mit dem Wetter haben, um den Blick auf Sofia genießen zu können, aber dann ist es wunderschön (Seite 39)

 **Rilski manastir**
Weltbekanntes Kloster im Schoß des Rila-Gebirges. Das Nationalheiligtum der Bulgaren – eine architektonische Augenweide voller kulturhistorischer Schätze (Seite 44)

 **Melnik**
Ein Traum in rötlichem Sandstein. Schönheit der Landschaft und Lage des idyllischen Städtchens sind ein Muss (Seite 46)

 **Altstadt**
Das alte Thrakien, die osmanische Zeit und das 19. Jh. begegnen sich in Plovdiv in einem verwinkelten Straßengewirr zwischen drei Hügeln (Seite 49)

 **Bačkovski manastir**
Zweitgrößte Klosteranlage Bulgariens: Das architektonisch einzigartige Ensemble vermittelt fast mediterranen Charme inmitten der Rhodopen (Seite 55)

*Bilderbuchstädtchen Sozopol*

*Ein idyllischer Klassiker: Melnik*

 **Koprivštica**
Beeindruckendes Beispiel für die zahlreichen Orte aus der Zeit der Wiedergeburt. Wunderschöne Kaufmannshäuser zeugen vom einstigen Reichtum der Stadt (Seite 56)

 **Etâra**
Malerisches Museumsdorf – ein interessant aufbereiteter Einblick in die bulgarische Geschichte (Seite 62)

 **Ruse**
Lange Zeit Bulgariens Tor zur Welt: historische und sehenswerte Altstadt, schöner Hafen (Seite 65)

 **Skalni čerkvi pri Ivanovo**
Besterhaltenes Höhlenkloster in Bulgarien mit sehenswerten Wandmalereien mittelalterlicher bulgarischer Kunst (Seite 68)

 **Tombul džamija**
Die Moschee bezeugt Bulgariens dramatische Geschichte (Seite 69)

*Bačkovo-Kloster in den Rhodopen*

 **Nesebâr**
Historische Halbinsel: Harmonie von Meer, Küste und Bergen (Seite 76)

 **Altstadt von Sozopol**
Die jüngere der beiden historischen Städte an der Küste (Seite 78)

 **Morska gradina**
Zwischen Meer und Stadtkern: Der Park in Varna ist eine schattige Einladung zum Flanieren (Seite 80)

 **Kap Kaliakra**
Die schönsten Felsen an der bulgarischen Schwarzmeerküste (Seite 87)

 *Die Highlights sind in der Karte auf dem hinteren Umschlag eingetragen*

# **AUFTAKT**

# Entdecken Sie Bulgarien!

**Prächtige Gebirge, weiße Strände und Kulturvielfalt zwischen Orient und Okzident**

Sand, Meer und Beton – das ist das Bild Bulgariens in den Reisekatalogen, namentlich das Bild der Schwarzmeerküste. Wer diese erlebt hat, kennt tatsächlich einen schönen und wichtigen Teil des Landes. Wer aber nur auf den touristischen Pfaden verharrt, dem wird viel Sehenswertes entgehen.

Bulgarien ist natur- und kulturgeografisch ein Übergangsland zwischen Orient und Europa, was auch seine Geschichte und seine Gesellschaft mit geprägt hat. In dieser Übergangslage, die das Land in guten Zeiten zum Bindeglied machte, wurde Bulgarien zu einem bunten Sammelbecken unterschiedlicher kultureller und gesellschaftlicher Erscheinungen.

Die Natur hat es offensichtlich gut gemeint mit Bulgarien. Von Gebirgen durchzogen, dicht bewaldet und seenreich, dazu noch eine 378 km lange Meeresküste – ein nicht eben übermäßig großes Territorium von etwas mehr als 110 000 km², also weniger als ein Drittel Deutschlands, ist in reichem Maß mit landschaftlicher Schönheit und Vielfalt beschenkt worden. So hat es für

*Beschauliche Sommerfrische: Balčik an der nördlichen Schwarzmeerküste*

*Augenweide: Sonnenblumenfeld*

ganz unterschiedliche Vorlieben etwas anzubieten, für Wasserratten oder Skifahrer ebenso wie für diejenigen, die einsam gelegene Gebirgsseen suchen, über dicht bewaldete Hänge von Dorf zu Dorf wandern oder sich einfach die Täler erradeln wollen.

Touristisch bekannt und berühmt wurde das Land vor allem durch die Schwarzmeerküste. Der etwas rauere, karge, felsige Norden, die großen Seebäder in und um Varna mit dem feinkörnigen Sand des Goldstrands bis hin zu den südlichen Küstenregionen, wo an den Ausläufern des Balkans die üppigen Weinberge fast bis ans Meer reichen. Das Land ist abhängig vom Tourismus und passt sich immer mehr an westliche Standards an.

Bunt ist das Leben an der Küste, vor allem im Sommer. Es entstehen

# Geschichtstabelle

**681–1018** Erstes Zarenreich; größte Ausdehnung unter Simeon I.

**863** Erstes slawisches Alphabet, Begründung der slawischen Schriftsprache durch die Mönche Kiril (Kyrill) und Metodij (Method)

**865** Christianisierung durch Boris I.

**1018–1185** Byzantinische Herrschaft

**1185–1396** Zweites Zarenreich

**1396–1878** Osmanische Herrschaft, Christen unterstehen dem Patriarchen von Konstantinopel

**Ab 1762** »Nationale Wiedergeburt«: Bestrebungen nach kultureller und kirchlicher Selbstständigkeit; ab Mitte des 19. Jhs. formiert sich eine nationalrevolutionäre Bewegung

**1876–1878** Aprilaufstand der nationalen Bewegung wird niedergeschlagen (1876); Russisch-Türkischer Krieg (1877–1878); 1878 wird Bulgarien aus dem Osmanischen Reich ausgegliedert

**1879** Fürstentum Bulgarien, Verfassung von Târnovo; erster Fürst Bulgariens: Alexander von Battenberg (bis 1886)

**1887** Ferdinand von Sachsen-Coburg und Gotha wird Fürst von Bulgarien

**1908** Ferdinand erklärt die Unabhängigkeit Bulgariens und wird Zar

**1912–1913** Balkankriege

**1915** Eintritt in den Ersten Weltkrieg auf Seiten der Mittelmächte

**1918** Zar Boris III. (bis 1943)

**1941** Eintritt in den Zweiten Weltkrieg auf deutscher Seite

**1944** Sowjetische Truppen besetzen das Land; Staatsstreich der KP

**1989** Ende der Einparteiherrschaft

**1990** Erste freie Wahlen seit mehr als 50 Jahren

**1991** Erste nichtsozialistische Regierung seit 1944

**1994** Sozialistische Partei gewinnt die Wahlen

**1997** Union der Demokratischen Kräfte gewinnt die vorgezogenen Neuwahlen

**2001** Mit Simeon von Sachsen-Coburg und Gotha wird im Juni überraschend der Sohn von Zar Boris III. in das Amt des Premierministers gewählt

**2002** Im Januar tritt Georgi Pârvanov, ein Sozialist, das Amt des Präsidenten an

# AUFTAKT

Kneipen und Bars, die wahrscheinlich nur für eine Saison bestehen werden, in denen dafür aber umso ausgiebiger gefeiert wird. Doch trotz aller »Ballermann«-Ähnlichkeiten, die man in den großen Hotelburgen durchaus finden kann, legen die Bulgaren immer und überall Wert auf ihre Geschichte und Kultur. Besucher erleben wahrscheinlich kaum ein Gespräch mit einem Einheimischen, in dem sie nicht auf das »Joch«, die fast 500-jährige osmanische Fremdherrschaft, hingewiesen werden. Eine eigenständige bulgarische Geschichte und Kultur findet oder fand in Bulgarien vor dem 15. und ab Mitte des 19. Jhs. statt. In einer eigenwilligen historischen Interpretation beruft man sich auf die großen Zarenreiche und die Bewegung der »Nationalen Wiedergeburt«, wobei vor allem Letztere eindrucksvolle kulturelle Denkmäler im Land hinterlassen hat.

Allein eine Reise wert sind die weltberühmten Klöster und der Kreis der Museumsstädte, eine Reihe von Ortschaften, die unter Denkmalschutz stehen. Die bulgarischen Klöster sind Ausdruck einer einzigartigen Verbindung von Natur, Kultur, Religion und Geschichte. Ihre Funktion ging schon immer über das Kirchlich-Religiöse hinaus. Nicht nur das slawische Alphabet – Grundlage der kyrillischen Schrift –, auch bedeutende Schulen der Literatur, Architektur, der bildenden Künste haben ihren Ursprung in den Klöstern. So wandern Besucher beim Rundgang durch die Klöster en passant durch neun Jahrhunderte geistiger, politischer und

*In den berühmten Klöstern leben auch im 21. Jh. noch Mönche*

kultureller Geschichte Bulgariens. Mehrere Klöster bieten auch Übernachtungsmöglichkeiten, die Sie unbedingt einmal nutzen sollten.

Das zweite Prunkstück im Kulturangebot des Landes führt in die Zeit der »Nationalen Wiedergeburt«. Man stößt fast überall im Land auf ein restauriertes Haus des 19. Jhs. In einigen Regionen finden sich ganze Ortschaften unter Denkmalschutz, vor allem in Zentral-Bulgarien. In der Gegend um Veliko Târnovo beispielsweise, wo vor allem das Händlerdorf Arbanasi (17. Jh.) hervorzuheben ist, oder Koprivštica, ein malerisches Dorf zwischen Sofia und Plovdiv, bis

» *Üppige Weinberge reichen bis ans Meer* «

## Zwischen den Zeilen

**Man muss schon ein bisschen blättern,
um mehr über Bulgarien in der Literatur zu erfahren**

Zur Einführung in das derzeitige Leben auf dem Balkan ist auf jeden Fall Slavenka Drakulić' »Café Paradies oder die Sehnsucht nach Europa« zu empfehlen. Eine ungeschminkte Momentaufnahme, aber eher mit dem Fokus auf Jugoslawien. Einen sehr offenen, sehr bösen, sehr essayistischen Blick wirft Ilij Trojanov in seinen »Hundezeiten« auf das Land – eher politische Lektüre. Unterhaltsamer ist da schon Angelika Schrobsdorffs »Reise nach Sofia«. Das beste Buch über Bulgarien ist leider vergriffen, aber vielleicht erhaschen Sie noch in irgendeinem Antiquariat den Klassiker von Aleko Konstantinov, »Bai Ganju«, – ein noch immer aktueller Spiegel der bulgarischen Seele.

---

hin zu wahren Perlen der Holzbaukunst der Wiedergeburtsarchitektur in Nesebăr und Sozopol am Schwarzen Meer.

Nicht zu vergessen ist die Landschaft. Schließlich gibt der Balkan – das Wort stammt aus dem Türkischen und bedeutet »bewaldeter Berg« – einer ganzen Region seinen Namen. Neben dessen Höhenzügen, die das Land von West nach Ost durchziehen, bieten sich vor allem die hohen Gipfel des Rila-Gebirges im Südwesten sowie die Rhodopen im Süden zu ausgedehnten Wanderungen, aber auch Klettertouren an. So ist es kein Wunder, dass das relativ kleine Bulgarien immerhin neun Stätten beherbergt, die von der Unesco in die Liste des Welterbes aufgenommen wurden: das Rila-Kloster, Nesebăr, das Grabmal von Kazanlăk, das thrakische Grabmal von Sveštari, der Reiter von Madara, die Kirche von Bojana, das Höhlenkloster bei Ivanovo, der Pirin-Nationalpark und das Naturreservat Srebărna.

Neben all diesen Schätzen lassen sich jedoch die Probleme des Landes nicht verbergen. Wie viele osteuropäische Länder hat auch Bulgarien mit hohen Arbeitslosenzahlen, fehlenden Absatzmärkten, nicht konkurrenzfähigen Produkten, einer riesigen Schattenwirtschaft und der wachsenden Armut zu kämpfen. Die Menschen tun dies mit noch stärkerer Festigung der Familienbande, die oft die finanziellen Nöte einzelner lindern helfen, und mit phantasievoller Improvisation, dem Zauberwort

》 *Improvisation heißt das Zauberwort* 《

auf dem Balkan. Da wird dann die Garage zur Champignonzucht oder zum Hühnerstall umfunktioniert, ganze Wohnblöcke vermieten ihre Garagen an fliegende Händler, oder man setzt sich zum Wahrsagen an den Straßenrand oder bietet die Dienste einer alten Waage zur Gewichtskontrolle an.

# AUFTAKT

Dies alles kann die ökonomische Lage vieler Menschen nicht auf Dauer verbessern. Zahlreiche jüngere Bürger – die Angaben schwanken zwischen 400 000 und 800 000 – haben im vergangenen Jahrzehnt Bulgarien verlassen, um sich irgendwo im Westen Europas oder in Übersee niederzulassen. Bedrückend für viele ist vor allem der Umstand, dass auf kürzere Sicht keine große Hoffnung auf spürbare Besserung besteht. Von den Politikern aller Richtungen sind die meisten früher oder später sehr enttäuscht, was die regelmäßigen Regierungswechsel bezeugen. Kein Wunder, wenn die Nöte der meisten nicht geringer werden, während die Korruption blüht – egal, welche Regierung gerade an der Macht ist. Neben den ökonomischen gibt es aber auch immer deutlicher zu Tage tretende Umweltprobleme sowie Reibungen zwischen den größten ethnischen Minderheiten im Land. Die Roma gelten größtenteils als Menschen dritter Klasse. Während sich die Jugend fast bedingungslos an der westlichen Kultur orientiert, werden Rufe nach der Zeit vor der Wende – die in Bulgarien so nie wirklich stattgefunden hat – vor allem unter den Älteren immer lauter.

> *Weltberühmte Klöster, Museumsstädte unter Welterbeschutz*

Doch allen widrigen Umständen zum Trotz – sobald der Winter dem Land den Rücken kehrt, was institutionalisiert zumeist am 1. März gefeiert wird, blühen das Land und seine Menschen regelrecht auf. Die Sonne verbreitet spürbaren Optimismus. Die hoch gerühmte Geselligkeit kriecht aus den Wohnzimmern auf die Straßen und in die zahlreichen Lokale. Und die Gastfreundschaft scheint in diesem schönen Land sowieso schier unerschöpflich zu sein.

*Das hübsche Fischerstädtchen Sozopol: beliebt bei Malern und Schriftstellern*

## STICHWORTE

# Horo und Martenica, Metodij und Rakija

**Die Bulgaren lieben ihre Musik, essen gesund und sind stolz auf ihr Land und seine Geschichte**

### Fauna und Flora

Bulgarien hat zwei Gesichter: das satte Grün und die volle Blüte der zahlreichen Felder und Plantagen des sehr fruchtbaren Bodens und das karge, verbrannte Braun des Spätsommers, wenn das Land der Sonne seinen Tribut zollt. Die Pflanzen- und Tierwelt weisen ebenfalls auf den Grenz- und Übergangscharakter Bulgariens hin. Nördlich des Balkans und in den Gebirgsregionen herrscht eine mitteleuropäische Vegetation vor, der Süden ist eher mediterran: Ölbaum, Myrte, Zypresse und immergrünes Eichenbuschwerk. Etwa ein Drittel des Landes ist bewaldet, davon sind 25 Prozent Nadelwälder, vor allem im Pirin- und im Rila-Gebirge (Fichten, Tannen, Lärchen). Den größeren Teil nehmen die Laubwälder ein. Wildtiere sind nur noch vereinzelt erhalten, in Waldgebirgsregionen kommen Braunbären, Wölfe, Luchse, Füchse, Wildschweine, Hirsche, Rehe, Gämsen vor; als Haustiere werden auch Büffel, Esel und Maultiere gehalten. Wasserverschmutzung und Fischfang haben den Fischbestand des Schwarzen Meeres arg strapaziert; Robben und Delphine sind fast ausgestorben, selbst der Steinbutt ist in Gefahr. In den Süßgewässern tummeln sich vor allem Forellen und Karpfen.

*Dichte Wälder überziehen ein Drittel des gesamten Landes*

### Horo

Dieser Reigentanz ist in ähnlichen Varianten in anderen südosteuropäischen Staaten als *kolo* oder *hora* verbreitet. Auf dem Dorf wird er bei keinem Fest fehlen, in den touristischen Zentren in keinem Lokal mit folkloristischem Programm. Lassen Sie sich nicht von den meist komplizierten Taktarten abschrecken. Die Vortänzer sind höchst flexibel und improvisieren häufig die Schrittformen. Wenn Sie sich einreihen, werden Sie anfangs vielleicht ab und zu aus dem Takt, niemals aber aus dem Reigen geraten. Ihre Nachbarn halten Sie fest und führen Sie gern und geduldig in den Rhythmus zurück.

### Kiril und Metodij

Die Brüder Kyril (ursprünglich Konstantin, geboren 826 oder 827, gestorben 869) und Methodij (geboren um 815, gestorben 885), im Westen allgemein unter der Bezeichnung »Slawenapostel« bekannt, sind die Begründer des slawischen Alphabets (»glagolitische

*Die beiden »Slawenapostel« Kiril und Metodij begründeten im 9. Jh. das slawische Alphabet*

Schrift«), der slawischen Schriftsprache und Literatur. Sie wurden in Saloniki (dem heutigen Thessaloniki) geboren und erhielten ihre Ausbildung in Byzanz. Auf Bitten des mährischen Fürsten Rostislaw wurden sie vom byzantinischen Kaiser Michael III. nach Mähren entsandt, um dort die Slawen in ihrer Muttersprache in der christlichen Lehre zu unterweisen und damit dem deutschfränkischen Einfluss zu begegnen. Auch in Pannonien, dem Gebiet an der mittleren Donau, wirkten die beiden als Missionare. Dabei bedienten sie sich kirchlicher Schriften, die von ihnen mit ihren Schülern ins Altslawische (Altbulgarische) übersetzt worden waren. Kurze Zeit nach der glagolitischen Schrift wurde ein weiteres Schriftsystem begründet, das zur Niederschrift altslawischer Texte diente. Es erhielt, wiewohl es nicht von Kyrill stammte, den Namen »Kirilica«. Die Verehrung für die beiden Slawenapostel ist bei den Bulgaren über alle politischen Systeme hinweg lebendig geblieben. Am 24. Mai, früher der Tag der beiden Heiligen, der heute nach dem Kirchenkalender wieder auf den 11. Mai fällt, wird der »Tag der bulgarischen Bildung und Kultur« begangen.

### Le Mystère Des Voix Bulgares

Das »Wunder der bulgarischen Stimmen« ist ein Chor aus Sofia, 31 Damen im Alter von 18 bis 60, die »sinfonischen Bäuerinnen«. Mit der Mischung aus bulgarischer Chormusik und spanischen, französischen und deutschen Liedern aus dem 12. bis 14. Jh. eroberte die Gruppe nicht nur die großen Konzertsäle, sondern stieß gar in die Popcharts vor. Eine hypnotisierende Wirkung scheint von den fremdartigen Klängen auszugehen.

### Martenica

Am 1. März überreichen sich im ganzen Land die Menschen gegenseitig die Martenica – rot-weiße Troddeln aus Wolle, meist zwei, die jeweils an einem roten oder weißen Wollfaden baumeln und oben miteinander verknotet sind. Die Martenica ist ein Symbol, mit dem man dem oder der Beschenkten Gesundheit wünscht und gleichzeitig den beginnenden Frühling feiert. Traditionell gilt die Martenica auch als Symbol für Fruchtbarkeit, weswegen sie zuweilen auch jungen Tieren oder Obstbäumen angehängt wird.

## Musik

Die Bulgaren sind ein musikbegeistertes, musizierendes und seine Musiker tief verehrendes Volk. Die traditionell wichtigsten Anlässe, fast schon rituelle Feierlichkeiten – die Hochzeit und der Aufbruch zum Militärdienst –, sind in ihrem Ablauf durch die Musik gekennzeichnet. Mit jedem Teilstück einer Hochzeit – der Ankunft der Sippe des Bräutigams, dem Heraustreten der Braut aus dem Haus, der Prozession zur Kirche usw. – ist eine bestimmte Melodie verbunden, und in der Nacht zuvor werden im Haus der Braut die traurigsten Klänge zu hören sein, da sie ja bald das Heim verlässt.

Die bulgarische Volksmusik kann neben der Kirchenmusik auf die ältesten Traditionen zurückblicken. Melodien in antiken oder mittelalterlichen Tonleitern, eine unregelmäßige Rhythmik, gerade Taktarten mit ungleichem Periodenbau, Dissonanzen und ein polyfonischer Effekt verleihen der Musik einen ganz eigentümlichen Reiz, dessen Entdeckung dem ungarischen Komponisten und Sammler von Volksliedern, Béla Bartók, wie eine Offenbarung erschien.

## Nationale Minderheiten und ethnisch-religiöse Gruppen

Mehr als ein Sechstel der insgesamt ca. 8 Mio. Einwohner Bulgariens gehören nicht dem Staatsvolk der südslawischen Bulgaren, sondern einer der nationalen bzw. ethnisch-religiösen Minoritäten an: 800 000 Türken, 250 000 bis 300 000 Bulgarisch sprechende Muslime (die den für sie verwendeten Ausdruck »Pomaken« nicht gerne hören) und mindestens 400 000 Roma.

Das Verhältnis zwischen Bulgaren und Türken verschlechterte sich Mitte der Achtzigerjahre rapide, als die Kommunistische Partei 1984 eine Bulgarisierungskampagne startete und die Türken zwang, bulgarische Namen anzunehmen und von ihren Bräuchen, ja selbst vom Gebrauch ihrer Sprache in der Öffentlichkeit abzulassen. Bei einem Massenexodus verließen 1989 rund 300 000 Türken das Land, von denen nach der politischen Wende etwas mehr als die Hälfte zurückkehrte. Seit Beginn der Neunzigerjahre hat sich das bulgarisch-türkische Verhältnis beruhigt, wozu auch die Zulassung einer politischen Interessenvertretung der türkischen Minderheit beitrug.

Gravierender noch ist in der jüngsten Vergangenheit die problematische Lage der Roma zu Tage getreten, die über das ganze Land verteilt sind und am Rand der Großstädte in gettoartigen Vierteln leben. Die Roma werden von allen anderen Gruppen abgelehnt, und auch integrationswillige Roma stoßen auf einhellige Zurückweisung. In einzelnen Städten hat dies dazu geführt, dass Teile der Romaviertel für Nichtroma unzugänglich sind.

## Nationale Wiedergeburt

Der 2. Juni ist eines der ganz besonderen Daten in Bulgarien. Um Punkt 12 beginnen alle Sirenen im Land zu heulen, die Menschen halten inne in ihrer Arbeit, an den Kreuzungen stoppt der Verkehr. Grund der Übung ist kein Sirenentest, sondern das Gedenken an Christo Botev, Dichter, Revolutionär, Freiheitskämpfer. Die Periode zwischen 1762 und 1878 ist als Zeit der Nationalen Wiedergeburt in die Geschichtsbücher Bulgariens eingegangen. Sie lieferte den kulturellen, geistlichen und politischen Nährboden für das neuzeitliche Bulgarien und führte schließlich zur staatlichen Selbstständigkeit des Landes. Den Anstoß zur kulturellen Erweckung, der ersten Phase der Wiedergeburt, gab der Mönch Paisij, der 1762 das erste Werk über die slawisch-bulgarische Geschichte vollendete. Hauptziel des Werkes war die Weckung eines nationalen Bewusstseins des Volkes für seine Vergangenheit, seine Sprache und sein Brauchtum. Im 19. Jh. führte die von Paisij verursachte Bewegung zum Kampf um eigene Schulen und eine eigenständige Kirche, die Loslösung vom griechischen Patriarchat in Konstantinopel, was 1870 erreicht wurde. Zu dieser Zeit hatte sich bereits eine teils national, teils demokratisch geprägte Bewegung formiert, die den Kampf für die politische und staatliche Befreiung vom Osmanischen Reich aufnahm. Höhepunkt dieser Bewegung war der Aprilaufstand 1876, der aber blutig niedergeschlagen wurde. Zwei Jahre später erlangte Bulgarien als Folge des Russisch-Türkischen Krieges die staatliche Selbstständigkeit. Der Aprilaufstand, bei dem viele Revolutionäre im ganzen Land ihr Leben lassen mussten, ging als heroische Legende ins historische Gedächtnis des Volkes ein.

**Politik**
Die aus der sozialistischen Ära stammende Verfassung wurde 1990 zunächst geändert, 1991 wurde dann

*Das Städtchen Koprivštica gleicht einem Freilichtmuseum für die Holzbaukunst in der Epoche der »Nationalen Wiedergeburt«*

# STICHWORTE

## Die MARCO POLO Bitte

Marco Polo war der erste Weltreisende. Er reiste in friedlicher Absicht, verband Ost und West. Er wollte die Welt entdecken, fremde Kulturen kennen lernen, nicht zerstören. Könnte er heute für uns Reisende nicht Vorbild sein? Aufgeschlossen und friedlich sollte unsere Haltung auf Reisen sein. Dazu gehören auch Respekt vor Mensch und Tier und die Bewahrung der Umwelt.

eine neue angenommen. Bulgarien ist seither eine Republik (vorher: Volksrepublik), deren politisches System in seinen Grundzügen demjenigen der parlamentarischen Demokratie gleicht; allerdings hat der Staatspräsident einige Kompetenzen, die diejenigen seines Kollegen in Deutschland übertreffen, aber weitaus geringer sind als diejenigen etwa der Präsidenten Frankreichs oder der Vereinigten Staaten. Das Staatsoberhaupt wird seit 1992 vom Volk gewählt (vorher: vom Parlament); diese Position nimmt seit 2002 der Sozialist Georgi Pârvanov ein. Damit kommt es zu der etwas absurden Kombination eines Sozialisten im höchsten bulgarischen Staatsamt und dem »Zaren« Simeon von Sachsen-Coburg und Gotha als Premierminister. Mit einem erdrutschartigen Sieg der Zarenbewegung, die erst zwei Monate vor der Wahl im Juni 2001 gegründet worden war, verband man große Hoffnung auf neuen Schwung in der Regierung. Diese Hoffnung hat sich bisher allerdings nicht erfüllt.

### Rakija

Schnaps – das ist in Bulgarien oft nicht das letzte, sondern vor allem beim Essen das erste Wort. Denn ein echtes bulgarisches Mahl beginnt üblicherweise mit *rakija* und einem kleinen Salat. Obwohl *rakija* auch der Sammelbegriff für Schnaps ist, verstehen die Bulgaren darunter vor allem Obstschnaps (meist aus Trauben oder Pflaumen). Die besten dieser Schnäpse gibt es – natürlich – bei den Einheimischen zu Hause. Schnapsbrennen ist in Bulgarien nicht nur legal, es ist geradezu ein Volkssport. Und selbstverständlich wetteifern viele Bulgaren darum, wer den besten Selbstgebrannten zu Stande bringt. Die meisten dieser Eigenproduktionen sind schmackhaft, rein und bekömmlich – wenn man die gewohnte und nicht unbedingt die von einigen Einheimischen bevorzugte Dosis einhält.

### Wirtschaft

Bis 1990 waren die bulgarische Wirtschaftsstruktur und der Außenhandel einseitig auf die Sowjetunion und die kleineren osteuropäischen Staaten zugeschnitten. Der Zerfall dieser Absatzmärkte führte zu einem dramatischen Rückgang in der Industrieproduktion. So weitete sich auch schnell die Schere zwischen den Gewinnern der Transformation und den Verlierern, zu denen vor allem die Rentner und die mehr als 750 000 Arbeitslosen zählen.

## ESSEN & TRINKEN

# Wo das Gemüse noch Geschmack hat

**Einfach, schmackhaft, gesund:
Entdecken Sie die Vielfalt der bulgarischen Küche!**

Die Bulgaren messen dem Essen eine große Bedeutung bei. Ihre Küche ist schmackhaft und abwechslungsreich. Fast alle Restaurants bieten ein Basisangebot bulgarischer Gerichte an, von schmackhaften Salaten über kalte und warme Vorspeisen bis hin zu meist recht einfach gehaltenen Hauptgerichten. Die Qualität der Küche hat sich in letzter Zeit enorm verbessert.

Auch die Auswahl an Restaurants ist heute größer denn je. Neben klassischen Restaurants, seien sie staatlich oder privat geführt, gibt es volkstümlich eingerichtete, kleine Wirtshäuser *(han, hanče)*. In normalen Kneipen *(mehana)* wird üblicherweise nur Bier, Wein und Hochprozentiges angeboten, in Ausnahmefällen kann man dort schmackhafte Salate oder Gegrilltes erwischen. Am sichersten bürgt nach wie vor das traditionelle Restaurant *(restorant)* für Qualität. Inzwischen bieten zahlreiche Häuser Vorzügliches an, wobei sich die Palette sowohl der einheimischen als auch der internationalen Küche erheblich verbreitert hat.

*Grillfleisch, Peperonischoten und Rotwein: drei Eckpfeiler der bulgarischen Küche*

In den letzten Jahren hat sich in den Stadtkernen auch ein reichhaltiges Angebot an so genannten Kaffeehäusern entwickelt. Die wichtigste volkstümliche Einrichtung ist indes die traditionelle *sladkarnica* geblieben, der »Ort fürs Süße«, wie der Name sagt, also eine Art Konditorei. Bei der Bestellung des Kaffees sollten Sie die gewünschte Art spezifizieren (Espresso, Cappuccino, Nescafé oder türkischen Kaffee), sicherheitshalber auch den Grad der Süße, da etwa beim türkischen Kaffee der Zucker mitgekocht wird.

Daneben gibt es noch eine Fülle von Buden und Ständen: Da die Bulgaren gern knabbern, stehen überall Stände mit Erdnüssen und Kürbiskernen.

In den großen Hotels der touristischen Zentren, vor allem wenn sie einer internationalen Kette angehören, können Sie meistens mit einem guten Essen rechnen; die Preise erreichen hier allerdings westeuropäisches Niveau. In den anderen Restaurants sind die Preise durchweg erschwinglich: Zwei Personen werden für ein Menü und eine Flasche bulgarischen Wein selten mehr als 30 Euro ausgeben. Gewöhnlich sind die Restaurants von 11.30 bis 15 Uhr und von 18 bis 23 Uhr geöffnet.

# Bulgarische Spezialitäten

**Lassen Sie sich diese Köstlichkeiten gut schmecken!**

**baklava** – sehr süße siruphaltige Blätterteigtaschen, meist mit Nüssen gefüllt

**banica** – Blätterteigtaschen, mit Schafskäse gefüllt

**gjuveč** – im Topf gebackene Mischung verschiedener Gemüse mit Fleisch und Kartoffeln

**kačamak** – eine Art Maisbrei, mit Ei und Käse überbacken, im Tontopf serviert

**kavârma** – Gulasch vom Hammel oder Schwein mit Gemüse und Tomatenmark im Tontopf serviert

**kebapče** – Hackfleischröllchen vom Grill

**kjufte** – Hackfleischklößchen vom Grill

**lukanka** – salamiartige Wurst, die auf Platten in Scheiben geschnitten serviert wird

**mešana skara** – gemischtes Fleisch vom Grill

**miš-maš** – einfaches Gericht aus Rührei, Tomaten, Paprika und Schafskäse

**ovčarska** – Hirtensalat: gemischter Salat mit Schinken, Oliven und geriebenem Schafskäse

**palačinka** – gefüllter Pfannkuchen (mit Schokolade, Marmelade etc.)

**pasti** – Kuchen in verschiedener Form (oft sehr süß)

**patladžan** – Auberginensalat. Gibt es nicht überall, aber wenn, sollte man ihn probieren!

**salata bob** – Bohnensalat mit Lauchzwiebeln in Essig und Öl

**sirene po šopski** – im Tontopf gebackener Schafskäse mit Tomaten und Ei

**sirene po thrakijski** – ähnlich wie *po šopski*, zusätzlich jedoch mit *lukanka* garniert

**skumrija** – gegrillte Makrele, ein Klassiker der bulgarischen Küche

**snežanka** – Gurkensalat in eingedicktem Joghurt, mit Walnussstückchen garniert

**šopska-salat** – der bulgarische Klassiker: Tomaten-Gurken-Salat mit Paprika und geriebenem Schafskäse darauf

**tarator** – kalte Gurkensuppe, angemacht mit Dill, Walnüssen und viel Knoblauch. Sehr erfrischend, vor allem in den Sommermonaten

# Essen & Trinken

Die bulgarische Küche ist durch die reiche Verwendung von Gemüse und Früchten in einer Vielzahl von Gerichten bekannt. Berge von Wassermelonen türmen sich ab dem Frühsommer an Straßenrändern oder in Stadtparks. Im Herbst werden die Melonenberge von Kürbissen, später dann von Kohlköpfen abgelöst. Man ist hier stolz auf die im Land angebauten Früchte. Spätestens wenn Sie einmal bulgarische Tomaten gekostet haben, werden Sie verstehen, warum.

Das Frühstück hat in Bulgarien – wie in allen südeuropäischen Ländern – keine besonders große Bedeutung. In den Hotels hat man sich natürlich mit einem entsprechenden Angebot an die mitteleuropäischen Gewohnheiten angepasst. Wenn Sie sich aber allein auf die Suche nach einem Frühstück irgendwo in einer Stadt aufmachen, werden Sie vermutlich zu den beliebten Backwaren greifen müssen. Hierzu zählt die *banica,* oft auch unter ihrem türkischen Namen *bjurek* geläufig, meist mit Schafskäse, zuweilen auch mit Hackfleisch gefüllter Blätterteig. Man bekommt sie meist nur in Lokalen, die eine Mischung aus Bäckerei und Snackbar darstellen. Schafskäse enthält in jedem Fall die *mekica,* die vor allem unter Kindern ein Renner ist.

Die bulgarische Hauptmahlzeit beginnt meist mit einem Salat, der vor allem die Funktion hat, den Schnaps zu begleiten, den man als Aperitif zu sich nimmt. Von den zahlreichen ihrer starken und angenehmen Obstschnäpse rühmen die Bulgaren am meisten den Pflaumenschnaps *Trojanska slivova.* In den Restaurants ist er nicht immer zu bekommen. Außerdem zu empfehlen sind die etwas milderen *muskatova-*Sorten, und hier vor allem der *Burgaska muskatova* oder *Slivenska Perla.* Zu den Hauptgerichten wird oft keine Beilage gereicht. Als »Garnitur«, wie es im Bulgarischen heißt, sind bevorzugt Beilagen aus Kartoffeln zu empfehlen. Nudeln und Reis werden in Bulgarien noch immer oftmals viel zu weich gekocht.

Der bulgarische Wein kann auf eine fast 5000-jährige Tradition zurückblicken. Schon Homer erwähnt in seiner *Ilias* die regelmäßigen Lieferungen von thrakischem Wein, die die Tore Trojas erreichten, und auch in der Odyssee findet der »wie Honig süße Wein« Erwähnung. Zwar ist das Land für Liebhaber ausschließlich sehr trockener Weine immer noch kein Traumziel, doch das Angebot ist inzwischen viel größer geworden.

Die besten Rotweine sind vollmundig und robust, viele der guten Weißweine zeichnet ein angenehmes Bukett aus. Als Perle unter den Weißweinen gilt der fast goldfarbene aus *Evksinograd,* der allerdings nicht immer zu bekommen ist. Leichter *Misket* (Muscatel) kommt aus *Pomorie* und aus *Karlovo;* er erfreut sich ebenso allgemeiner Beliebtheit wie die Produkte aus *Kresna.* Die etwas schwereren Rotweine liefern *Melnik, Vidin* und *Suhindol,* leichter fallen diejenigen aus *Sungurlare* aus. Unter den einheimischen Rebsorten gehören sowohl ihrer Qualität wie auch ihrer mengenmäßigen Bedeutung nach *Gâmza, Mavrud, Pamid, Dimjat* und *Misket* zu den Spitzenreitern. Reine Dessertweine sind der *Mavrud* aus *Asenovgrad* und der *Misket Slavjanska.*

## EINKAUFEN

# Das Abenteuer der Entdeckung

### Der bizarre Charme der exotischen Ramschmärkte

Shopping kann zum faszinierendsten Erlebnis eines Bulgarienaufenthaltes werden – wenn man sich für Überraschungen offen hält, die Geduld nicht allzu rasch verliert und den Einkaufsbummel als ausgedehnten Spaziergang begreift. Noch hat sich keine feste Geschäftsstruktur etabliert. Grundsätzlich gilt, dass viele Händler alles verkaufen, was ihnen unter die Finger kommt.

Lohnend sind *Töpferwaren, Porzellanservice, Lederwaren, Pelzkleidung* und *Besticktes* (Blusen, Tischdecken); *Kupfer-* und *Zinngefäße* nur dann, wenn Sie das seltene Glück haben, auf ältere Stücke zu stoßen. Zu den typischen Souvenirs gehören *Rosenöl* (in einem hübschen, kleinen Holzgefäß), *Puppen* in ländlicher Tracht und *Holzschnitzereien* aller Art. Anspruchsvolle Produkte nicht nur dieser Art bieten die Geschäfte des Verbandes der bulgarischen Künstler an. Die Mitnahme lohnen ebenfalls der Pflaumenschnaps *Trojanska slivova,* der Weinbrand *Pliska,* der Sekt *Iskra* oder die besten Rotweine. Vorsicht ist am Platz, wenn Ihnen

*Besonders stimmungsvoll: Einkaufsbummel zwischen den denkmalgeschützten Häusern von Nesebâr*

auf Straßenständen importierte Getränke zu unglaublich niedrigen Preisen angeboten werden: Nicht immer ist das drin, was draufsteht.

Auf keinen Fall sollten Sie Bulgarien verlassen, ohne einige der unterschiedlichen Arten von Märkten genossen zu haben. Im Vorübergehen können Sie sich mit Obst oder Gemüse versorgen. Jede größere Stadt hat zumindest einen solchen offenen Markt, auf dem Sie sich einen Überblick über das lokale und regionale Angebot verschaffen können. Vor allem aber sind diese Plätze bunte Tupfer des Alltags. Wieder andere Einblicke in den bulgarischen Alltag gewinnen Sie auf einer zweiten Art von Märkten: Außerhalb der Stadtzentren haben sich Basare etabliert, für die Flohmarkt eine verniedlichende Bezeichnung wäre. Ramsch jeglicher Art wird hier feilgeboten und sogar erstanden, von der verrosteten Mistgabel bis zum krächzenden Grammofon. Viele der Anbieter kommen aus Russland, der Türkei, dem früheren Jugoslawien. Grundregel auf diesen Märkten: Handeln Sie, was das Zeug hält! Meistens wird zuerst einmal ein völlig utopischer Preis angesetzt. Das Feilschen ist primär unter sportlichem Aspekt zu sehen und macht auch Spaß.

# Feste, Events und mehr

**Klassik, Jazz und Oper – aber die Bulgaren feiern auch ihre Rosen und ihren Humor**

Böse Zungen behaupten, dass die Bulgaren am liebsten das ganze Jahr durchfeiern, auch wenn ihnen oft gar nicht danach zumute ist. Die

*Im Juni: Festival der Rosen*

höchsten Feiertage im Kalenderreigen sind die Osterfeiertage und Weihnachten. Außerdem werden der bulgarische Nationalfeiertag am 3. März und der nationale Kulturfeiertag (24. Mai) hoch angesehen. Die überwältigende Mehrheit der Muslime begeht zudem aktiv die religiösen Feiertage des Islam.

## Offizielle Feiertage

**1. Januar** Neujahr; **3. März** Nationalfeiertag; **Ostermontag** (im Regelfall eine Woche später als in Mitteleuropa); **1. Mai** Tag der Arbeit; **6. Mai** Tag der bulgarischen Armee; **24. Mai** Tag der bulgarischen Bildung und Kultur, im Volksmund Kiril und Metodij; **6. September** Tag der Vereinigung; **22. September** Tag der Unabhängigkeit; **1. November** Tag der Volksaufklärer; **25. Dezember** Weihnachten

## Feste & Festivals

Beachten Sie bitte, dass zahlreiche Veranstaltungen wegen Geldmangel gefährdet sind. Informieren Sie sich deshalb – auch über die genauen Termine – zuvor beim örtlichen Fremdenverkehrsbüro.

### März/April
1. März: *Frühlingsanfang*. Zur Verabschiedung des Winters überreicht man sich gegenseitig die *martenica*, zwei kleine, rot-weiße Troddeln an zwei rot-weißen Fäden. Sie dürfen erst wieder abgenommen werden, wenn ein Storch gesichtet wurde. Viele der Troddeln zieren dann Bäume im ganzen Land.

Anfang März: *Beginn der Fastenzeit.*
Männer in Tierkostümen – *survakari*
(West-Bulgarien) oder *kukeri* –, mit
Fruchtbarkeitssymbolen behängt,
ziehen durchs Dorf und tanzen auf
dem Dorfplatz.
8 Tage vor Ostersonntag: *Lazarovden*,
Fruchtbarkeitswünsche und Braut-
schau – junge Mädchen in National-
trachten singen und tanzen.
April: *Festival der Nationaloper* in
Sofia

### Mai
6.Mai: *Georgievden:* Tag des Schutz-
heiligen der Armee – im ganzen
Land finden Militärparaden und
Feierlichkeiten statt.
In ungeraden Jahren: *Festival des
Humors und der Satire* in Gabrovo,
sehr beliebt bei Bulgaren.

**Insider Tipp** 21. Mai: Nestinarstvo: zum
Namenstag der Heiligen Elena
und Konstantin rituelle Feuertänze
auf glühenden Kohlen. Vor allem
im Südosten des Landes (Bâlgari,
Brodilovo oder Rezovo)

### Juni
Anfang des Monats: ★ *Festival der
Rosen* in Karlovo und Kazanlâk.
Rituale der Rosenernte in folkloris-
tischer Darbietung
Mitte des Monats in ungeraden
Jahren: *Internationales Festival der
Kammermusik* in Plovdiv
*Internationales Schlagerfestival
Goldener Orpheus* in Sonnenstrand
am Schwarzen Meer

**Insider Tipp** *Klassische Konzerte in den
Höhlen von Madara* bei Šumen.
Einzigartige Atmosphäre.

### Mitte Juni–Mitte August
★ *Varnaer Sommer:* klassische
Musik, Oper und Ballett – ein
renommiertes Festival mit vorzüglichen Ensembles aus aller Welt,
internationaler Ballettwettbewerb
alle zwei Jahre

### August
★ 🏃 *Folklorefestival* in Koprivštica,
eine Mischung aus Popfestival und
mittelalterlichem Jahrmarkt,
bulgarische Musik in ihrer vielleicht
authentischsten Ausdrucksform; alle
fünf Jahre, das nächste Mal 2005
in der zweiten Monatshälfte:
*Internationales Festival der Folklore*
in Burgas

### September
Ende September: *Festival der Klaviermusik* in Šumen mit vielen Veranstaltungen

### November
🏃 *Internationales Jazzfestival* in
Sofia, bei der Jugend sehr beliebt

*»kukeri« künden die Fastenzeit an*

# SOFIA

# Kulturmetropole vor grüner Kulisse

**Für das uneinheitliche Stadtbild entschädigen die herrliche Lage und bedeutende Museen**

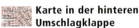
**Karte in der hinteren Umschlagklappe**

»Serdica, das ist mein Rom!«, soll Konstantin der Große einmal voller Entzücken ausgerufen haben. Das war im 4. Jh. und galt der Siedlung, die damals das Zentrum der römischen Provinz Thrakien bildete. Wer heute durch die Straßen der bulgarischen Hauptstadt Sofia (auch Sofija geschrieben) mit ihren 1,1 Mio. Einwohnern schlendert, wird von ihrer bewegten Geschichte, die sich auch in zahlreichen Namensänderungen niederschlug, jedoch nur vereinzelte Spuren ausfindig machen.

An zentralen Orten tauchen Relikte aus der römischen Zeit auf, etwa in der Unterführung unter der einstigen Zentrale der Kommunistischen Partei, die jetzt den Parlamentariern als Bürogebäude dient, Überreste von der östlichen Festungsmauer aus dem 2. Jh. oder im Hof des Sheraton die Rotunde des heiligen Georg aus dem 4. Jh. Auch lassen Kirchen, Moscheen und die große Synagoge erahnen, dass die Stadt im wechselvollen Auf und Ab große Zeiten erlebt hat. Eine Vor-

*Szenig präsentiert sich das junge Sofia*

stellung davon wird man indes nur durch den Gang in die wichtigsten der zahlreichen großen Museen gewinnen. Das Stadtbild hingegen hinterlässt den Eindruck eines eigentümlichen, irgendwie der Geschichte gegenüber indifferenten Gemischs aus 100 Jahren, aus dem die wenigen historischen Prachtbauten und einige schöne Beispiele der bulgarischen Architektur aus der Zeit um die letzte Jahrhundertwende wie bunte Tupfer hervorscheinen.

Die Bedeutung des Ortes rührt von seiner Lage als Schnittpunkt der wichtigsten Verbindungslinien auf dem Balkan: Durch ihn führen die Wege von Wien nach Istanbul, vom Schwarzen Meer zur Adria und von der Donau zur Ägäis. Diese Lage zog schon früh erste Siedler an und später dann Feldherren und

*Das Denkmal der heiligen Sofia, der Namengeberin der Stadt*

# Sofia

*Vor dem Denkmal der Befreier tummeln sich heute Sofias Skater*

Eroberer. Anhand der wechselnden Namen lässt sich die Geschichte nachvollziehen: »Serdica« (vom thrakischen Stamm der Serden) hieß Sofia in der thrakischen und der römischen Zeit, »Sredec« (Platz in der Mitte, im Zentrum) während des Ersten und später auch während des Zweiten Bulgarischen Zarenreiches, zwischendurch in der byzantinischen Herrschaftsperiode »Triadica«, schließlich ab dem 14. Jh. »Sofija«, benannt nach der Heiligenkirche, die im Zweiten Zarenreich als Metropolitenkathedrale fungierte. Nach der Ausgliederung aus dem Osmanischen Reich 1878 wurde der Ort erstmals die Hauptstadt eines bulgarischen Staates, und damit begann seine rasante Expansion, die ihn binnen weniger als einem Jahrhundert von rund 20 000 Ew. zur Millionenstadt machte. In dieser Zeit entstand das Wort, das Sofia gerne als sein Motto ausgibt: »Stets wachsend, niemals alternd«.

Die landschaftliche Lage ist eine der Hauptattraktionen der Stadt. Im Norden grenzt sie an den Balkan, im Osten an das Mittelgebirge, im Süden liegt das Rila-Gebirge, innerhalb einer Stunde mit dem Auto erreichbar. Das Tüpfelchen auf dem I ist aber das faktisch unmittelbar zur Stadt gehörende, südwestlich davon sich erstreckende Vitoša-Gebirge. Weniger als 10 km vom Zentrum Sofias entfernt erheben sich dessen erste Gipfel über der Stadt, ihr allgegenwärtiger, überall sichtbarer Begleiter. Natürlich war das Vitoša-Gebirge seit alters her das beliebteste Ausflugsziel der Sofioter und ist dies bis heute auch geblieben.

Sofia ist das absolute Zentrum Bulgariens, und in einem traditionell so zentralisiert strukturierten Land betrifft dies weit mehr als nur den Regierungs- und Verwaltungsbereich. Obwohl die Nichtsofioter die Nase rümpfen, wenn sie es hören: Vieles von dem, was in der Kultur Rang und Namen hat, konzentriert sich nun einmal in der Hauptstadt – die bedeutendsten Museen, die repräsentativsten und zugleich experimentierfreudigsten Galerien, die renommiertesten The-

# SOFIA

ater, herausragende Stimmen und Orchester. Auch in prosaischeren Dingen übernimmt meist Sofia die Rolle des Trendsetters. Wer etwa wissen will, was gerade in der bulgarischen Jugendszene an Lebensstil und Alltagskultur in ist, der sollte sich am frühen Freitag- oder Samstagabend zum Bulevar Vitoša und in bestimmte Teile des Parks vor dem Kulturpalast begeben. Es ist schon wahr, dass die Stadt zwar wächst, aber niemals altert. **[118 C1]**

## SEHENSWERTES

Der geeignetste Ausgangspunkt für die Erschließung des Stadtkerns ist der gleichnamige *Platz an der Kirche Sveta Nedelja* **[U C3]** schräg gegenüber vom Hotel Sheraton. In dem Bereich östlich davon, den die *Universität* **[U E4]** und die direkt daneben befindliche *Nationalbibliothek Kiril und Metodij* mit den imposanten Denkmälern der beiden abschließen, befinden sich die meisten wichtigen öffentlichen Bauten. Zwischen Sheraton und dem Kaufhaus CUM führt der Weg über den *Bulevar Car Osvoboditel* mitten in diesen Abschnitt hinein. Südlich der Sveta Nedelja erstreckt sich die Haupteinkaufsstraße *Bulevar Vitoša*. Der belebteste Teil davon endet am *Kulturpalast* (**[B6]**, abgekürzt NDK). Im obersten Stockwerk gibt es ein ↘ *Panoramacafé* mit gutem Blick auf die Stadt. Unbedingt zu empfehlen ist ein Bummel in dem Gebiet zwischen den *Bulevar Vitoša* und *Car Osvoboditel*. Biegen Sie einfach in östlicher Richtung in eine der Seitenstraßen des *Bulevar Vitoša* ein, und schlängeln Sie sich bis etwa zum *Platz der Nationalversammlung* **[U E4]**, *Ploštad Narodno Sâbranie)* durch. Hier begegnen Ihnen Architektur und Atmosphäre der Wohnviertel in der Stadtmitte in authentischer Form.

## MARCO POLO **Highlights »Sofia«**

★ **Sveti Aleksandâr Nevski**
Die Kathedrale ist das prachtvolle und weithin sichtbare Wahrzeichen der Stadt (Seite 31)

★ **Sveta Sofija**
Die Namensgeberin der Stadt, zweitälteste der erhaltenen Kirchen Sofias (Seite 31)

★ **Vitoša-Gebirge**
Ein Spaziergang zu den Goldenen Brücken oder eine Wanderung auf den Schwarzen Gipfel (Seite 39)

★ **Bojana**
Mittelalterliche bulgarische Malerei schmückt die Kirche in schöner Umgebung (Seite 37)

★ **Sveti Nikolaj Čudotvorec**
Russlands Glanz in Sofia: die goldene Kirche des Wundertäters mit ihren Zwiebeltürmchen (Seite 32)

# SOFIA

*Die Synagoge wurde Anfang des 20. Jhs. im Stil des Historismus gebaut*

**Borisova gradina
(Borisgarten)** [U E–F 5–6]
Der größte Park in Sofia. Sonntags ist er der Hauptanziehungspunkt für Spaziergänger. Hier geben Künstler aller Art ihre Vorstellungen. *Vom Bulevar Car Osvoboditel abgehend*

**Centralna Evrejska
Sinagoga (Synagoge)** [U C2]
Die größte Synagoge auf der Balkanhalbinsel wurde 1910 vollendet. Ihre Ausmaße lassen etwas von der einstigen Bedeutung der jüdischen Gemeinde im Land erahnen, die allerdings vor allem durch massenhafte Emigration Ende der Vierzigerjahre stark geschrumpft ist. Vor einigen Jahren wurde eine Restauration in Angriff genommen. Anwesende Gemeindemitglieder führen Besucher gern durch das Gebäude. *Ulica Ekzarh Josif 16*

Im *Gemeindehaus (Bulevar Aleksandâr Stambolijski 50, 5. Stock, Mo–Fr 9–12 und 14–17 Uhr)* ist die ständige Ausstellung »Die Rettung der bulgarischen Juden 1941 bis 1944« zu sehen.

**Džamija Banja baši
(Bädermoschee)** [U C2]
Diese Moschee ist die einzige, die den gläubigen Moslems in der Hauptstadt geblieben ist. Während der antitürkischen Kampagnen in der sozialistischen Ära lag sie still. Das andere bedeutende islamische Zentrum, die *Bujuk džamija (Große Moschee)* aus dem 15. Jh., beherbergt seit langem das Nationale Archäologische Museum. Seit Anfang der Neunzigerjahre wird die Bädermoschee wieder benutzt. Der Bau des namhaften türkischen Architekten Hadži Mimar Sinan wurde 1576 vollendet. Außen fasziniert vor allem der Kontrast zwischen der gewaltigen Kuppel und dem zartgliedrigen Minarett. Unmittelbar in der Nachbarschaft befindet sich das Mineralbad, das nicht mehr benutzt wird. Man kann sich dort aber mit Wasser aus Heilquellen versorgen. Unbedingt sehenswert ist auch die restaurierte *Markthalle* auf der gegenüberliegenden Straßenseite. *Bulevar Knjaginja Marija Luiza*

**Gradska gradina
(Stadtgarten)** [U C–D3]
Eine Ruheoase, die zu jeder Zeit für eine Atempause bestens geeignet ist. *Mitten im Zentrum Sofias, an der Ulica Vasil Levski*

# SOFIA

**Rotonda Sveti Georgi (Rotunde des heiligen Georg)** [U C3]

Das besterhaltene Denkmal aus der römischen Zeit im Hof des Hotels Sheraton steht an einer Stelle, an der zunächst (wahrscheinlich im 1. Jh. v. Chr.) ein Bad errichtet wurde. Die Rotunde aus dem 4. oder 5. Jh. hat eine bewegte Geschichte hinter sich: Sie diente ursprünglich den Römern als Kultstätte, dann den Slawen als christliche Kirche, später den Türken als Moschee, schließlich seit Bulgariens Eigenstaatlichkeit wieder als christliche Kirche. Die (restaurierten) Wandmalereien stammen aus dem 10., 12. und 14. Jh. Die Fresken aus dem 14. Jh. gehören zu den bedeutendsten Malereien mit barocken Elementen in Bulgarien. *Eingang auf dem Bulevar Aleksandăr Stambolijski*

**Sveta Nedelja (Kirche der heiligen Nedelja)** [U C3]

Die 1856–1863 erbaute Kirche hat weniger durch Kulturschätze als durch ihre weltlichen Einrichtungen und politischen Ereignisse auf sich aufmerksam gemacht. Ein Besuch lohnt sich allein wegen des hellen, ganz und gar nicht pompösen Glanzes, den sie ausstrahlt.

Im April 1925 forderte in der Kirche ein Bombenattentat mehr als 120 Tote und über 500 Verletzte. Die stark beschädigte Kirche wurde dann 1931 von Grund auf neu errichtet. Bis heute ist nicht einwandfrei geklärt, ob die Führung der Kommunistischen Partei, die dies stets vehement leugnete, für das Attentat verantwortlich war. Später nutzte sie die Kirche zu besonderen Zwecken: Bis zum Ende der Achtzigerjahre beherbergte die Kuppel ein Büro der Geheimpolizei. *Ploštad Sveta Nedelja*

**Sveta Sofija (Sophienkirche)** [U E3]

★ Der Namensgeberin der Stadt ist der zweitälteste der erhaltenen Kirchenbauten geweiht. Er wurde an der höchsten Stelle des Siedlungszentrums im 6. Jh. errichtet. Mehrfach machten Zerstörungen Wiederaufbauarbeiten notwendig, zuerst im 9. Jh., zuletzt nach Erdbeben im 19. Jh., die aber den Bau nicht grundlegend veränderten. Auch in der osmanischen Zeit, als die Kirche als Moschee diente, wurde ihr Äußeres nicht angetastet. Die dreischiffige Kreuzkuppelbasilika mit den drei Altären ist ein für Bulgarien einzigartiges Exempel für die strenge Monumentalität der klassischen byzantinischen Architektur. An der Ostseite befindet sich das Grab des bulgarischen Nationaldichters Ivan Vazov, dessen Statue im nahen Park – er hält ein Buch in der Hand – nicht zu übersehen ist. *Ploštad Aleksandăr Nevski*

**Sveti Aleksandăr Nevski (Aleksandăr-Nevski-Kathedrale)** [U E3]

★ Auch viele Nichtbulgaren, die den Balkan bereist haben, halten die Kathedrale für den prächtigsten Bau des 20. Jhs. auf der Balkanhalbinsel. Sie wurde zu Ehren der im Russisch-Türkischen Krieg von 1877/1878 gefallenen Soldaten und zum Zeichen des Dankes für die dem Krieg folgende Ausgliederung Bulgariens aus dem Osmanischen Reich errichtet. Der russische Zar jener Zeit, Alexander II., wurde seitdem in Bulgarien als »Car Osvoboditel« (Befreierkönig) verehrt, wovon auch das unweit von der Kathedrale, unmittelbar gegenüber dem Gebäude der Nationalver-

# SOFIA

sammlung (Narodno Sâbranie) aufgestellte, 14 m hohe Reiterbild zeugt, das der italienische Bildhauer Arnoldo Zocchi schuf. Die Kirche wurde nach dem Schutzheiligen des Zaren, Alexander Nevski, einem Moskauer Großfürsten aus dem 13. Jh., benannt. Nach den Entwürfen des Petersburger Architekten A. N. Pomerancev wurde 1904 mit dem Bau begonnen, der mit kleineren Unterbrechungen bis 1913 währte. Erst elf Jahre danach, 1924, wurde die Kirche geweiht.

Imposant ist der erste Eindruck, den die südliche Seitenansicht vom Bulevar Car Osvoboditel aus hervorruft. Da scheint der neobyzantinische, mit einigen russischen Elementen durchsetzte Kreuzkuppelbau seine gesamte Pracht mit einem Male präsentieren zu wollen. Vor allem fallen die beiden mit Blattgold überzogenen Kuppeln direkt ins Auge. Die bulgarische Regierung als Auftraggeber hatte zur Bedingung gemacht, dass die Kirche 5000 Menschen Platz biete. Im Innern sind es weniger herausragende Einzelstücke, die das Interesse auf sich ziehen, vielmehr fasziniert die Gesamtheit der Kunstwerke. Die bekanntesten russischen und bulgarischen Meister der Zeit um die Jahrhundertwende sind hier mit Wandmalereien, Ikonen und Mosaiken vertreten. Die Krypta beherbergt eine ständige Ausstellung von weit mehr als 200 Ikonen, Fresken und gedruckten Ikonenblättern bulgarischer Meister vornehmlich aus dem 18. und 19. Jh., doch sind auch Werke aus dem 12.–17. Jh. vertreten. Ein absoluter Geheimtipp sind die sonntäglichen Konzerte in der Krypta der Nevski-Kathedrale. Beginn meistens um 10 Uhr. *Ploštad Aleksandâr Nevski, tgl. 7–19 Uhr, offiziell ist eine Besichtigung während des Gottesdienstes (tgl. 9.30–11.30 Uhr) untersagt. Krypta: Mi–So 10–18 Uhr*

### Sveti Nikolaj Čudotvorec (Kirche des Wundertäters) [U D3]

★ Unübersehbar demonstriert der 1914 vollendete Bau, warum er »die

*Vom Radisson-SAS-Hotel genießen Sie diesen Prachtblick auf das Parlamentsgebäude und die Aleksandâr-Nevski-Kathedrale*

# SOFIA

russische Kirche« genannt wird: Er präsentiert sich als ein lichtes, farbenfrohes, von Gold und fünf Zwiebeltürmen geprägtes Abbild der Moskauer Architektur des 17. Jhs., innen mit Wandmalereien im Stil der Novgoroder Malschule. Ihre Existenz hat die Kirche der Sorge eines russischen Diplomaten um sein Seelenheil zu verdanken. Der von 1908 bis 1911 als Botschafter Petersburgs fungierende Semontovski-Kurilo hielt die bulgarische Kirche für nicht rechtgläubig genug, um in ihren Bauten den Gottesdienst zu feiern. Eine russische Kirche sollte gebaut werden. *Bulevar Car Osvoboditel 3*

## MUSEEN

### Kâšta-muzej Ivan Vazov (Ivan-Vazov-Haus) [U D4]

Zahlreiche Geburts- oder Wohnhäuser prominenter Bulgaren sind mit der Zeit in Museen verwandelt worden, wobei drei Arten von Biografien dominierten: Führer der Kommunistischen Partei, Schriftsteller mit sozialistischen Neigungen und landesweit bekannte Dichter, Dramatiker und Romanciers. Die letzte Gattung wird gewiss überleben, und ihr berühmtester Vertreter ist Ivan Vazov (1850 bis 1921), einer der Klassiker der jüngeren bulgarischen Literatur. Viele seiner Werke sind auch ins Deutsche, Englische und Französische übersetzt worden, darunter der Roman »Unter dem Joch«. In dem Haus, in dem er von 1895 bis zu seinem Tod im Jahr 1921 lebte, sind Zeugnisse seines Lebens sowie die damalige Inneneinrichtung zu sehen. *Ulica Ivan Vazov 10, Mo 13 bis 17, Di/Mi 13–20, Do–Sa 9 bis 17 Uhr*

### Nacionalen arheologičeski muzej (Nationales Archäologisches Museum) [U C–D3]

Gegenüber dem Präsidentensitz, bei dem übrigens jede Stunde eine Art »Change of the Guards« zu beobachten ist, wurde in der Großen Moschee das Archäologische Museum untergebracht. Auch wenn es einige seiner bedeutendsten Schätze an andere Museen abgeben musste, ein Blick auf die ausgestellten Gebrauchsgegenstände, Waffen und Schmuck von Thrakern, Römern und Griechen lohnt auf jeden Fall. *Ulica Sâborna 2 (beim Ploštad Aleksandâr Batenberg), Di–So 10–12 und 14–18 Uhr*

### Nacionalen istoričeski muzej (Nationales Historisches Museum) [O]

*Insider Tipp*

Nicht leicht zu erreichen ist das größte und bedeutendste historische Museum des Landes, das in der stattlichen Residenz Bojana in direkter Nachbarschaft zur Residenz des Präsidenten untergebracht ist. Auf drei Etagen werden hier in den beeindruckenden Räumlichkeiten der ehemaligen Schivkov-Residenz sehr übersichtlich angeordnet ca. 22 000 Ausstellungsstücke der Geschichte auf heutigem bulgarischem Territorium der letzten 2000 Jahre dargestellt. Weltweite Bedeutung erhielt das Museum durch die Ausstellung »Gold der Thraker«. Das Meisterwerk thrakischer Goldschmiedekunst (vermutlich um die Wende vom 13. zum 12. Jh. v. Chr. entstanden) befindet sich allerdings häufig auf Wanderausstellungen.

Beklagenswert ist zudem, dass die osmanische Zeit faktisch noch immer nicht stattfindet, ebenso wie die Zeit nach dem Zweiten Welt-

# SOFIA

krieg bzw. der Zweite Weltkrieg selbst. Trotz mehrfacher Hinweise gibt es kaum Informationstafeln in einer anderen als der bulgarischen Sprache, sodass man auf einen Führer angewiesen ist. *Residenz Bojana, tgl. 9–16.30 Uhr, Tel. 02/ 955 76 04 bzw. 955 42 80 (Exkursionen/Gruppenführungen), Bus Nr. 63 und 111*

**Nacionalna hudožestvena galerija (Nationale Kunstgalerie)** [U C–D3]
Das wunderschöne, im 16. Jh. errichtete Gebäude diente zunächst als *konak,* also als Amtssitz der osmanischen Verwaltung. Es brannte 1816 nieder und wurde 1873 wieder aufgebaut. Hier wurde der Prozess gegen den bulgarischen Nationalhelden Vasil Levski geführt. Nach der Schaffung des bulgarischen Staates wurde es zweimal um- und ausgebaut und fungierte während der Monarchie als Zarenschloss. Seit 1954 ist hier die Nationalgalerie beheimatet. Die Sammlung bulgarischer Kunst von der Mitte des 19. Jhs. bis zur Gegenwart ist aber nicht so attraktiv wie das Gebäude selbst. *Ploštad Aleksandâr Battenberg, Mo–Fr 10–19 Uhr*

## ESSEN & TRINKEN

**Arlecchino** [U C4]
Gute italienische Küche und große Vielfalt an Fischgerichten. *Ulica Solunska 12, €–€€*

**Baj Genčo** [U D3]
*Insider Tipp*
Traditionsreiches Haus, bulgarische Küche. Die Weinkarte enthält mehr als 120 Rotwein- und 60 Weißweinsorten. *Bulevar Knjaz Aleksandâr Dondukov 15, €–€€*

**Grozd** [U D3]
*Ins Tip*
Typische bulgarische Gerichte und entsprechendes Ambiente. *Bulevar Car Osvoboditel 21, €–€€*

**Happy Bar & Grill** [U C3]
🏃 Die bulgarische Variante des Fastfood, Spezialität: Hähnchenhappen. Mehrere Filialen in Sofia, die zentrale auf dem *Ploštad Nedelja 4. €*

**Kâštata** [U B5]
»Das Haus« (so der Name des Restaurants) bietet eine gute Auswahl an nationalen Gerichten und viel Fisch. Sehr angenehmer Sommergarten. *Ulica Verila 4, €€*

**Preslav** [U C3]
Das zum Hotel Sheraton gehörende Restaurant ist das luxuriöseste in der Stadt. Vorzügliche internationale Küche in gedämpfter, etwas dunkler Atmosphäre. *Ploštad Sveta Nedelja 5, €€€*

**Pri Jafata** [U B4]
*Ins Tip*
Sehr gute bulgarische Küche und authentisches bulgarisches Ambiente mit bulgarischer Volksmusik. *Ecke Ulica Solunska und Car Asen, €–€€*

## EINKAUFEN

Nach wie vor besitzt Sofia für bulgarische Verhältnisse besonders gute Einkaufsmöglichkeiten. Auf den Straßenzügen *Bulevar Vitoša, Bulevar Aleksandâr Stambolijski, Ulica Rakovski* und *Ulica Graf Ignatiev* (hier vor allem um den *Ploštad Slavejkov*) und in ihrer unmittelbaren Umgebung befinden sich die wichtigsten Geschäfte und kompaktesten Einkaufszonen. Das größte Wa-

# SOFIA

renhaus ist das *CUM (Bulevar Knjaginja Marija Luiza 2)*. Die populärste Stätte zum Einkaufen von Souvenirs ist seit einigen Jahren der Freiluft-Kunsthandwerksmarkt rund um die Aleksandâr-Nevski-Kathedrale. Hier findet man viele Arten von Artikeln, die für das Land typisch sind: Modeschmuck, bestickte Blusen, Keramik, Handgemachtes aus Holz, Ikonenimitationen, Gemälde und manche so genannten Antiquitäten.

Anspruchsvolle Mode wird – vor allem in kleinen Boutiquen – auf dem mittleren und südlichen Teil vom *Bulevar Vitoša* angeboten. Schönes Kunsthandwerk und bessere Souvenirs finden Sie auch in den Unterführungen unter dem Kaufhaus CUM und dem Kulturpalast (NDK), *Ploštad Bâlgarija 1*. Gegenstände aus Marmor und Halbedelsteinen sind auf dem *Bulevar Car Osvoboditel 10*, Kristall und Porzellan auf dem *Bulevar Vitoša 8* zu erstehen. Ansprechende Leder- und Pelzbekleidung sowie Handtaschen führen verschiedene kleinere Geschäfte um den *Ploštad Slavejkov*, wo auch das Angebot an Lederwaren überdurchschnittlich ausfällt. Handgemachte Kelims gibt es bei *Delta* im dritten Stockwerk von CUM. Wer teuren Schmuck und Uhren sucht, sollte sich zu *El Grado (Bulevar Vitoša 61)* oder zu *Oxette (Bulevar Vitoša 9)* begeben. Freunde der klassischen Musik finden bei *Balkanton (Ploštad Slavejkov)* vorzügliche Aufnahmen zu erstaunlichen Preisen , Volks- und Popmusik (vorwiegend Kassetten) gibt es beim Straßenhandel auf dem *Bulevar Vitoša* und dem *Ploštad Slavejkov*.

Der zentrale *Markt* für Obst und Gemüse befindet sich auf dem *Bulevar Stefan Stambolov*, und in den renovierten Markthallen *(Halite, Bulevar Knjaginja Marija Luiza 25)* bieten von 7 bis 24 Uhr mehr als 100 Pavillons frische Nahrungsmittel und Leckereien in großer Vielfalt an.

*Die Bulgaren sind stolz auf ihr Gemüse mit dem einmaligen Geschmack*

# SOFIA

## ÜBERNACHTEN

**Bâlgarija** [U D3]
Traditionelles Haus mit Geschichte. Frisch renoviert – mit schönem Café und einer Latino-Nachtbar. *83 Zi., 9 Suiten, Bulevar Car Osvoboditel 4, Tel. 02/987 19 77, Fax 988 41 77, Bulgaria@mail.techno-link.com, €€€*

**Grand Hotel Radisson SAS** [U E4]
Luxushotel mit einzigartigem Blick auf Parlament und Nevski-Kathedrale. Zu empfehlen ist auch der Irish-Live-Pub *Flanagans* im Parterre. *125 Zi., 11 Apartments, Ploštad Narodno Sâbranie 4, Tel. 02/ 933 43 34, Fax 933 43 35, www. sofia.radissonsas.com, €€€*

*Insider Tipp* **Lion** [U C2]
Neues, außen und innen luxuriös ausgestattetes Haus in guter Lage. *32 Zi., 1 Apartment, Bulevar Knjaginja Marija Luiza 60, Tel./Fax 02/917 84 00, office@hotel-lion. net, €€*

**Moriah Hotel Flats**
Zentral gelegene Apartments für zwei bis sechs Personen zu moderaten Preisen. Buchungen telefonisch oder online. *Tel. 02/986 12 46 oder 088 94 80 01, info@moriah flats.com, €€*

**Niky** [U B4]
Untere Mittelklasse. Eine relativ günstige Adresse. *Neofit Rilski 16, Tel. 02/51 19 15, niky-92@internet-bg.net, €–€€*

**Park Hotel Amfora** [O]
Kleines, liebevoll geführtes Haus mit großem Garten am Fuß des Vitoša-Gebirges. *8 Zi., 3 Apartments, Knjaževo Bulevar Car Boris III. 409, Tel. 02/57 06 61 oder 957 15 09, Fax 57 33 79, www.hotelamfora. dir.bg, €€*

**Serdika** [U E3]
Zentrale Lage und durch Renovierung in der Qualität erheblich verbessert, ohne dass die Preise in die Höhe schnellten. *110 Zi., 10 Ap., Bulevar Janko Sakâzov 2, Tel. 02/ 99 19 36, Fax 944 36 19, €€–€€€*

**Sheraton Sofija Hotel Balkan** [U C3]
Luxusinsel mitten im Stadtkern, nebenan ist der Sitz des Staatspräsidenten. *173 Zi., 15 Ap., Ploštad Sveta Nedelja 5, Tel. 02/981 65 41, Fax 980 64 64, sheraton@biscom.net, €€€*

## AM ABEND

Einen Überblick über die wichtigsten Adressen und einige kulturelle Veranstaltungen gibt der monatlich in englischer Sprache erscheinende *Sofia City & Info Guide*. Zusätzlich liegt in vielen Restaurants, Kneipen und Kinos das wöchentlich erscheinende *Programmata* aus. Über viele der größeren Veranstaltungen wird man im Konzertbüro auf dem *Bulevar Car Osvoboditel 2 (*[U D3]*, Tel. 02/987 15 88)* oder über die Vorverkaufsstelle im *Kulturpalast (*[U B6]*, NDK, Tel. 02/916 63 00)* informiert.

In Sachen klassischer Musik, Oper, Ballett und Theater bietet Sofia Exzellentes zu niedrigen Preisen an. Konzerte und Ausstellungen finden im NDK statt, zu dessen Programm auch Opern- und Ballettaufführungen und Jazzkonzerte gehören. Im traditionellen *Bulgarien-Saal (*[U D3]*, Insider Tipp*

# SOFIA

*Zala Bâlgarija, Ulica Aksakov 1, Tel. 02/987 76 56)* ist Vorzügliches an klassischer Musik zu hören. Die *Nationaloper ([***U D3***]**, Ulica Vrabča 1, Tel. 02/987 13 66)* hat einige Weltstars hervorgebracht.

Wer seine Klassiker gut kennt, wird auch ohne Bulgarisch zu verstehen an einem Theaterabend Freude haben. Im *Nationaltheater Ivan Vazov ([***U C–D3***]**, Ulica Vasil Levski 5, Tel. 02/987 48 31)* werden Klassiker der bulgarischen und der internationalen Literatur gespielt. Die Moderne und größere Experimentierfreude sind im *Theater der bulgarischen Armee ([***U D3***]**, Ulica Rakovski 98, Tel. 02/988 43 65)* anzutreffen.

Außerhalb der Restaurants mit dem entsprechenden Programm wird man kaum Folklore finden, und abgesehen von den größeren Konzerten im Kulturpalast NDK und dem Festival im November auch wenig Jazz. An Diskos in westlichem Stil hingegen hat die Stadt aufgeholt. Sofia bietet zahlreiche Liveclubs, unter denen vor allem die *Swinging Hall ([***U E6***]**, Bulevar Dragan Cankov 8)* mit jeweils zwei abwechselnd spielenden Livebands und die *Bibliotekata* direkt unter der Nationalbibliothek *([***U E3***]**, Bulevar Vasil Levski 88)* hervorzuheben sind. Für Diskotheken ist und bleibt das *Červilo* (»Lippenstift«) ein heißer Tipp *([***U D3***]**, Bulevar Car Osvoboditel, im Gebäude des Armeeklubs)*.

*Das Nationaltheater Ivan Vazov liegt schön direkt am Stadtgarten*

## AUSKUNFT

**Balkantourist** [U C3]
*Bulevar Vitoša 1, Tel. 02/980 23 24, Fax 981 01 14, www.balkantourist.bg*

**Reisebüro Lufthansa City Center** [U B5]
*Bulevar Gen. Mihail D. Skobelev 59, Tel. 02/951 52 62, Fax 951 59 07, soflcc@techno-link.com*

## ZIELE IN DER UMGEBUNG

**Bojana** [118 C1]
8 km südlich des Stadtzentrums ließen zahlreiche Spitzenfunktionäre der Kommunistischen Partei ihre Villen und Todor Schivkov die Residenz bauen, die nach wie vor als Repräsentationssitz des Staatspräsidenten genutzt wird. Größere historische Bedeutung erlangte der Ort durch die ★ *Bojana*, eine Kirche, die den Namen des Ortes trägt und in die Unescoliste der Kulturdenkmäler aufgenommen wurde. Sie stammt aus dem 11. Jh., 1259 kam dann ein Anbau mit wundervollen Wandmalereien hinzu, die ihren Ruhm begründeten. Biblische

# SOFIA

Szenen, Bilder von geistlichen und weltlichen Führern, aber auch realistische Spiegelungen des Alltags finden sich unter den Fresken, die als die Krone der mittelalterlichen bulgarischen Malerei gelten. Ihr Schöpfer ist unbekannt geblieben, weswegen er stets als der »Meister von Bojana« apostrophiert wird. *Di bis Sa 10–17 Uhr*

### Dragalevci [118 C1]

Vom Dragalevci-Kloster aus dem 14. Jh. ist lediglich die Kirche erhalten geblieben. Das Kloster spielte als Bildungszentrum eine bedeutende Rolle in der Periode der nationalen Wiedergeburt und beherbergte eine Zeit lang sogar den Nationalhelden Vasil Levski, für die Bulgaren der »Apostel der Freiheit«. In der Kirche sind Wandmalereien aus dem 14.–16. Jh. erhalten.

Eine alte Mühle im Ort 10 km südlich vom Zentrum ist renoviert worden und dient nun als *Insider Tipp* Restaurant *(Vodenicata, Reservierung erforderlich, Tel. 02/ 967 10 58, €€)*, in dem traditionelle bulgarische Gerichte bei tollem Blick auf die Hauptstadt serviert werden; dazu gibt es ein Folkloreprogramm. Nicht weit davon entfernt können Sie in die Sesselbahn einsteigen, die Sie zum *Insider Tipp* Hotel *Štastliveca (€€)* mit Caférestaurant bringt. Sie können aber auch mit dem Bus Nr. 66 zum Wintersportgebiet *Aleko* gelangen, das seinen Namen Aleko Konstantinov (1863–1897) verdankt, dem begnadetsten bulgarischen Humoristen, Schöpfer des »Baj Ganju«, der den Prototypen des ländlichen Bulgaren verkörpert. Nach Aleko Konstantinov ist auch das satirische Theater in Sofia benannt.

### Ljulin [0]

Der Ljulin bildet den westlichen Teil der Bergkette, die das Sofioter Tal umschließt. Er ist bedeutend niedriger, kleiner und leichter zugänglich als das Vitoša-Gebirge, hat ein sanft abgerundetes Relief und gemäßigt steile Abhänge. Sein höchster Teil liegt zwischen 1200 und 1500 m. Ausgedehnte Bergwiesen mit vielen Blumen säumen den Bergrücken. Die meisten seiner Abhänge sind bewaldet (vorwiegend Buchen); wegen seiner anheimelnden Lichtungen und schattigen Wanderwege ist er ein beliebtes Ausflugsziel der Hauptstädter, zumal er auch Pisten für Skifahrer bietet.

Von Sofia aus geht es mit dem Zug nach Bankja, von dort führen schöne Wanderwege zur *Berghütte Bonsovi poljani* im Ostteil und zur *Berghütte Ljulin* im Westteil; beide Wanderungen dauern etwa zwei Stunden. Man kann auch mit dem Bus von der Haltestelle Ovča Kupel in Sofia aus direkt zur Berghütte *Bonsovi poljani* gelangen.

### Skaklja [0]

Das Naturschutzgebiet im Norden der Hauptstadt liegt an einem der kleinen Nebenflüsse des Iskâr, der Sâselska (»Siebenschläferin«). Die Flussmündung wird von steilen Bergabhängen eingeengt. Allmählich weitet sich das Flusstal bergauf aus und begibt sich in den Schutz eines bis zu 200 m hohen Felsenbogens.

Schon von weitem sieht man etwa in der Mitte der Felswand den leuchtenden *Wasserfall Skaklja;* vor allem im Frühling, wenn das Schmelzwasser ihn besonders stark gemacht hat, ist er eine Augenweide.

# SOFIA

Seine erste Stufe hat eine Höhe von 85 m, die zweite erreicht 20 m. Bergab folgen weitere Stromschnellen. Die Umgebung des Flusslaufs ist ausgesprochen malerisch. Sie gehörte einst zu den Lieblingszielen des Nationaldichters Ivan Vazov, nach dem der von ihm bevorzugte Wanderpfad auch benannt ist. Von Sofia nimmt man den Zug in Richtung Vraca bis zur Bahnstation Bov (eine Stunde), von dort sind es dann noch etwa 45 Minuten bis zum Wasserfall.

## Vitoša-Gebirge [118 C1]

★ Im Naherholungsgebiet der Sofioter befinden sich viele schöne Ausflugsziele. Zum höchsten Gipfel des Vitoša-Gebirges, dem *Černi vrâh* (»Schwarzer Gipfel«, 2280 m), kann man nach einer schönen, aber anstrengenden mehrstündigen Wanderung vom Hotel Štastliveca aus gelangen. Von der Stadtmitte Sofias aus fährt man mit der Straßenbahn Linie 2 (von Ulica Graf Ignatiev oder Ulica Patriarh Evtimij) bis zur Haltestelle Hladilnika und steigt dort in den Bus (Linie 66) um. Der führt direkt zum Hotel, man kann aber auch vorher in *Dragalevci* aussteigen und in der Nähe des Caférestaurants Vodeničarski mehani den Sessellift nehmen.

Wer die mehrstündige Anstrengung vermeiden will, kann sich vom Hotel Prostor aus, etwas unterhalb vom Hotel Štastliveca gelegen, mit dem Lift zum Westhang des *Gipfels Malâk Rezen* tragen lassen, von wo aus man in etwa einer Stunde zu den Zlatni mostove *(Goldenen Brücken)* oberhalb eines kleinen Bachs gelangt, an dem sich einst Goldgräber tummelten. Hier befindet sich auch der so genannte *Steinerne Fluss,* riesige Geröllbrocken, die sich das Gebirge hinunterzustürzen scheinen. Weitere eineinhalb bis zwei Stunden braucht man von hier bis zum Gipfel *Černi vrâh.*

*Ein beliebtes Ausflugsziel im Vitoša-Gebirge ist der »Steinerne Fluss« mit seinen gerundeten Rollsteinen*

Verkehrsverbindungen: Straßenbahn Linie 5 von der Rückseite des Nationalen Historischen Museums aus bis Ovča Kupel, von dort mit dem Bus Linie 61 bis Knjaževo, dann mit dem Sessellift zum ❄ Hotel Kopitoto (mit Caférestaurant). Von hier aus erreichen Sie nach einer schönen eineinhalbstündigen Wanderung die *Goldenen Brücken*. Von der Ovča Kupel fährt die Buslinie 62 zum Caférestaurant Zlatni mostove direkt beim *Steinernen Fluss.*

## SÜDWEST-BULGARIEN

# Die Gipfel und Seen von Pirin und Rila

### Abseits der Touristenpfade die Natur genießen

Wer einen Teil seines Urlaubs abseits vom touristischen Rummel verbringen und das »eigentliche« Bulgarien aufspüren will, wird im Südwesten reichlich belohnt. Mit seinen beiden Massiven Rila und Pirin, seiner Fülle an Gebirgsseen, Flüssen und Mineralquellen und seinen malerischen Ortschaften präsentiert das Gebiet landschaftliche Vielfalt in selten bewahrter Ursprünglichkeit. Beherrschend sind die Gebirgszüge Pirin und Rila, von denen der Pirin etwas wilder ausfällt, doch ist auch er leicht zugänglich. Wegen des seltenen Reichtums und der Vielfalt der Pflanzen und Tiere wurde ein Areal von 274 km$^2$ im Pirin-Gebirge zum Nationalpark erklärt, der unter Unesco-Schutz steht. Gebirgswanderrouten führen zu den Gipfeln Vichren (2914 m), Kutelo (2908 m) und Todorka (2746 m), vorbei an vielen der fast 180 Gletscherseen.

Ebenso eindrucksvolle Bilder bietet das Rila-Gebirge mit seinen 132 Zweitausendern, von denen 78 über 2500 m erreichen, darunter der Musala, mit 2925 m die höchste Bergspitze Südosteuropas. Zwischen den spitzen Bergzacken liegen in deutlich umrissenen Gletschertälern die »Augen« des Gebirges: 140 Seen aus der Eiszeit. Eine Augenweide ist vor allem der Anblick der sieben Rila-Seen auf 2200 bis 2500 m Höhe. Im Rila-Gebirge entspringen auch die von der Donau abgesehen größten Flüsse des Landes, Iskâr, Marica und Mesta, sowie zahlreiche Mineralquellen, weswegen sich im Südwesten viele Heilbäder und Kurzentren konzentrieren (Sandanski, Velingrad, Devin, Kjustendil).

Mit der bulgarischen Geschichte wird man vor allem durch die Klöster in Berührung kommen, in erster Linie natürlich durch das Nationalheiligtum in Rila, dann durch die Anlage von Rožen, in der Nähe Melniks gelegen. Aber auch die bewegte Vergangenheit und vielleicht zuweilen die Gegenwart Makedoniens wird beim Bummeln durch die Ortschaften lebendig. Denn der Südwesten beherbergt mit dem Pirin-Gebiet jenen Teil von Makedonien, der bei der Dreiteilung 1913 an Bulgarien fiel. Zahlreiche Denkmäler, Museen und Städtenamen sind berühmten Vertretern der makedonischen Bewegung wie etwa Goce Delčev oder Jane Sandanski gewidmet.

*Reich verziert sind die Kuppeln im Inneren des Rila-Klosters im gleichnamigen Gebirge*

# BANSKO

*Bansko ist ein guter Ausgangspunkt für Wanderungen im Pirin-Gebirge*

## BANSKO

[119 D5] Am Fuß des Pirin-Gebirges, im Tal von Razlog, liegt der Eingang zum Nationalpark Pirin – die 12 000 Menschen zählende Gemeinde Bansko. In den letzten Jahren hat sich dieses Gebiet, für das lange Winter und kurze, ziemlich kühle Sommer kennzeichnend sind, zu einem der Wintersportzentren des Landes entwickelt. Wer aber in die Stadt kommt, wird rasch merken, warum sie auch in der schneefreien Zeit Reisende anzieht: Weitaus besser als in den meisten anderen Städten fügen sich im Stadtzentrum die Neubauten mit den zahlreichen bewahrten Teilen des alten Kerns zusammen. Den Gebäuden aus dem 18. und 19. Jh. sieht man an, dass hier einiges an Reichtum konzentriert war. Vor allem dank Handel und Handwerk, aber auch dank seiner Lage an der Verbindungslinie zwischen Ägäis und Mitteleuropa hatte sich Bansko im 18. Jh. zu einem blühenden Zentrum der Region entwickelt.

Die alten Häuser in Bansko haben zwei Gesichter und erinnern an die Klosterarchitektur. Zur Straße erhebt sich eine strenge, fast abweisende Steinfassade. Umso freundlicher wirkt der Innenhof mit Balkonen, geschnitzten Holzgeländern und schlanken Säulen.

### SEHENSWERTES

**Sveta Bogorodica (Kirche der hl. Gottesmutter)**
Ikonen und Holzschnitzereien von Toma Višanov-Molera, dem Begründer der Banskoer Schule, sind in dieser 1774 errichteten, 1808 erneuerten Friedhofskirche zu sehen. *Im Friedhofsgelände an der Ulica Damjanov*

# SÜDWEST-BULGARIEN

**Wiedergeburtsarchitektur**
Die Hofansicht, die Holzschnitzereien und die Wandmalereien sind bei diesen Gebäuden aus dem 18. und 19. Jh. besonders bemerkenswert: Das *Sirleštov-Haus,* das *Veljanov-Haus,* das *Bunov-Haus* und das *Hadživalchov-Haus* befinden sich im Altstadtbereich. Besonders interessant ist das *Neofit-Rilski-Haus.* Hier kann man Nachbildungen der damaligen Einrichtung besichtigen. *Hinter der Dreifaltigkeitskirche, Di bis Sa 9–12 und 14–17 Uhr*

## MUSEUM

**Ikonografski muzej (Ikonenmuseum)**
Leben und Werk der berühmten Ikonenmaler aus Bansko, Toma Višanov-Molera, Sohn Dimitâr und Enkel Simeon, sind hier gut dokumentiert. *Ecke Ulica Jane Sandanski/Ulica Nikola Vapcarov, Di–Sa 9–12 und 14–17 Uhr*

## ESSEN & TRINKEN

**Kompleks Ovčarnik**
4 km nordöstlich von Bansko, im Dörfchen Banja, gibt es im Hotelrestaurant Ovčarnik einheimische Fleischgerichte im Steinguttopf. €

## ÜBERNACHTEN

**Bansko Hotel**
Luxuriöses Haus, 400 m vom Stadtkern, mit Restaurant, Fitnessraum und Sauna. *39 Zi., 12 Apartments, Ulica Glazne 37, Tel. 07443/42 21 oder 42 75, Fax 43 53, bansko@bg 400.bg,* €€€

**Glazne Hotel Kompleks**
Traditionsreiche Oase mit großem Sportzentrum. *23 Zi., Apartments und Villas, Ulica Panajot Hitov 2, Tel. 07443/41 51, Fax 26 54, glasne@mbox.infotel.bg,* €€

## AUSKUNFT

Das einzige Informationsbüro ist geschlossen worden. Auskünfte erteilen die Hotels, auch über Anlaufstellen für Privatquartiere.

## ZIELE IN DER UMGEBUNG

**Mineralbäder**
Heilbäder und Klimatherapien gibt es in vielen Orten im Südwesten, das größte ist *Sandanski* [118 C6], das Zentrum für Kuren in der Region. Als »größter Heilpark des Bronchialasthmas« gilt das *Balneohotel Sandanski (östlich der Stadt, 291*

---

## MARCO POLO Highlights »Südwest-Bulgarien«

★ **Rilski manastir**
Sinnbild der Bedeutung und Macht der orthodoxen Kirche in der gesamten bulgarischen Geschichte (Seite 44)

★ **Melnik**
Die kleinste Stadt Bulgariens – zwischen Weinbergen und Ruinen steigen die Häuser steil an (Seite 46)

# BANSKO

*Zi., Tel. 0746/251 65, €€–€€€).* In *Velingrad* **[119 E4]** ist man auf Phytotherapie (Behandlung auf pflanzlicher Basis) spezialisiert und in *Kjustendil* **[118 A3]** auf Moorbäder.

###  Pirin-Wanderungen [118–119 C–D5]

Ausgangspunkt für Wanderungen im Nationalpark *(Naroden park)* ist Bansko. Touren werden auch von der örtlichen Touristeninformation organisiert, wie zum Beispiel die *Vichren-Tour* (sechs Stunden), bei der man am ältesten Baum Bulgariens, einer Bergkiefer, vorbeikommt. Zur *Demjanica-Hütte* (sechs Stunden) startet man mit dem Bus zur *Siligarnika-Gegend,* dann gehts mit dem Lift zum *Todorka-Gipfel* (2746 m). Dort beginnt die Wanderung am *Karkamsko-See* vorbei zurück nach Bansko.

###  Rila-Wanderungen [119 D3]

Die schönsten und beliebtesten Wanderziele im Rila-Gebirge:

*Musala-Tour* (sieben Stunden): Die Wanderung auf den höchsten Gipfel Südosteuropas (2925 m) startet von *Borovec.* Mit dem Sessellift fährt man zum *Jastrebec-Gipfel,* von dort geht es über die *Musala-Hütte* und die sieben *Rila-Seen* zum *Gipfel,* der eine herrliche Sicht auf alle Gebirge Bulgariens bietet.

*Sieben Rila-Seen:* Von *Borovec* fährt man mit dem Bus zur *Vada-Hütte,* ab da beginnt die dreistündige Wanderung zu der faszinierenden Ansammlung von Gebirgsseen. In der Nähe des sechsten, des Fischsees, liegt die *Hütte Sedemte ezera* mit 100 Betten. Von hier aus kann man über das schöne *Gebirgsfeld Partizanska poljana* in sechs Stunden zum *Rila-Kloster* wandern.

Günstigster Ausgangspunkt für Rila-Wanderungen ist *Borovec.* Die *Touristeninformation,* die in verschiedenen Hotels vertreten ist – das größte Büro ist im *Hotel Samokov,* Tel. 07218/306 oder 581 –, organisiert Wanderungen.

### Rilski manastir (Rila-Kloster) [118 C3]

★ Auf 1147 m Höhe, mitten in einem satten Laubwald, stößt man unvermutet auf eine bis zu 24 m hohe Festungsmauer. Von außen weist nichts darauf hin, dass man hier etwas anderes finden wird als die Überreste einer Burg, fast scheint es, als wolle das mächtige Gemäuer den Zutritt verwehren. Am Ende des einzigen Zugangs im Süden steht man dann gebannt vor der faszinierenden Schönheit, Ruhe und Harmonie, die die Anlage verbreitet.

Das Kloster wurde im 10. Jh. von dem Einsiedler Ivan Rilski gegründet. Die Gebeine Ivan Rilskis, die im 15. Jh. von Târnovo hierher überführt wurden, liegen 2 km außerhalb der Klosteranlage in der Nähe der *Kapelle Sveti Luka* (heiliger Lukas) und der Höhle, in der der Legende zufolge der Klosterbegründer lange Zeit lebte. Die Anlage wurde häufig zerstört und musste zweimal ihren Standort wechseln. Der heutige ist seit dem 14. Jh. bestehen geblieben, etwa 4 km vom ursprünglichen entfernt.

Als einziges Gebäude aus dieser Zeit ist der 1335 errichtete *Chreljo-Turm* erhalten, benannt nach seinem Bauherrn Dragovol Chreljo, der sich als unabhängiger Herrscher hier niedergelassen hatte. Alles an-

# SÜDWEST-BULGARIEN

dere stammt aus dem 1816 begonnenen Neubau, der durch einen großen Brand 1833 unterbrochen wurde und bis 1870 im Wesentlichen abgeschlossen war. Mittelpunkt und Krone der Kunstschätze ist die Hauptkirche *Sveta Bogorodica* (heilige Gottesmutter), eine Kombination der alten, dreischiffigen Basilika mit der Kreuzkuppelkirche vom Berg Athos und der italienischen Kuppelkirche. An ihr haben die bekanntesten Meister der bulgarischen Architektur, Malerei und Holzschnitzerei aus der Periode der nationalen Wiedergeburt mitgewirkt. Hervorstechend sind die leuchtenden Fresken im Innenraum wie in den Laubengängen und der vergoldete Ikonostas (Altarwand) mit 36 Figuren. In der Hauptkirche befindet sich auch das Grab von Boris III., dem letzten bulgarischen Zaren.

Sehenswert sind auch das *Museum* mit der Originaltür des Chreljo-Turms aus dem 14. Jh., Ikonen aus dem 14. und 15. Jh. und das hölzerne Kreuz des Mönchs Rafail, ein Meisterwerk der Miniaturschnitzerei, die Wandmalereien aus dem 14. Jh., die sich im Chreljo-Turm selbst befinden, und das Original der Klosterküche von 1817 mit allen Geräten von damals. *Die Anlage ist täglich von der Morgen- bis zur Abenddämmerung geöffnet, aber die musealen Einrichtungen und die Kirche schließen um 17 Uhr.*

Die schönste Übernachtungsmöglichkeit bietet das Kloster selbst: Für knapp 20 Euro pro Person kann einer der Gasträume gebucht werden. Unmittelbar neben dem Kloster werden im *Restaurant Rila* (€) bulgarische Gerichte serviert. Man hat einen schönen Ausblick von der allerdings etwas kleinen 🌸 Terrasse. Das Haus bietet auch günstige, sehr einfache Zimmer an (€). Ca. 2 km weiter östlich schläft man im *Hotel Rilec* etwas angenehmer und teurer *(84 Zi., Tel. 07054/21 06, €€).*

*Holzkonstruktionen, Erker und Balkone prägen die Fassaden des Rila-Klosters*

# MELNIK

## MELNIK

[118 C6] ★ Die kleinste Stadt Bulgariens hatte 1880 noch 20 000 Ew., nur 1000 weniger, als Sofia damals zählte. Der zweite Balkankrieg im Jahr 1913 zerstörte sie fast vollständig und mit ihr ihre Handelswege. Heute leben hier 570 Menschen – hauptsächlich von Wein, Tabak und Tourismus. Es ist nicht nur die Einwohnerzahl, die dem zwischen Sandsteinpyramiden verborgenen Ort eine etwas unwirkliche Atmosphäre verleiht. Auf der einen Seite weisen die Ruinen, deren Zahl die der bewohnten Häuser bei weitem übersteigt, Besucher immer wieder auf den Verfall dieses Ortes hin. Auf der anderen Seite steigen aber inmitten der steilen Hänge der malerischen Sandsteinfelsen wie in einem Amphitheater einzigartige Denkmäler der älteren und neueren Baukunst auf, die wunderschöne Holzschnitzereien, Ikonen, Glas- und Wandmalereien beherbergen. Durch zackige Felsen winden sich von Gras und Wermut gesäumte ⬇ Pfade, an deren Ende ein traumhafter Ausblick winkt, und dazwischen immer wieder das, was Melnik berühmt gemacht hat – die Rebstöcke, denen der schwere, dunkelrote Wein der Gegend zu danken ist.

Von den früher einmal mehr als 3600 architektonisch bedeutsamen Wohnhäusern sind nicht viel mehr als 100 Exemplare erhalten geblieben, darunter zahlreiche Prachtstücke. Besonders faszinierend sind die weiten Weinkeller, die unter den Felsen und den Häusern ausgehöhlt wurden, damit eine beständige Temperatur gewährleistet war.

### SEHENSWERTES

**Boljarskata kâšta
(Bojaren-Haus)**

Das älteste Haus der Stadt aus dem 10. oder 11. Jh. ist leider nicht mehr gut erhalten. Es gehörte einst dem Despoten Slav.

**Kordopulovata kâšta
(Kordopulov-Haus)** *Insi Tip*

Das vierstöckige Haus stammt aus dem Jahr 1754 und gehörte einem Weinhändler. Besonders schön sind die 24 zweireihigen Fenster im Salon, die obere Reihe ist aus venezianischem Farbglas. *Di–So 9–12 und 14–18 Uhr*

**Sveti Nikolaj Čudotvorec
(Kirche des Wundertäters)**

Die Kirche des Wundertäters aus dem Jahr 1756 ist die bedeutendste der fünf mittelalterlichen Kirchen; im Inneren faszinieren die Ikonen und Wandmalereien unbekannter Maler.

### MUSEUM

**Gradski muzej
(Städtisches Museum)**

Objekte aus Melnik und Umgebung aus verschiedenen Epochen in einem Gebäude nahe dem Kordopulov-Haus und dem Menčev-Haus. Sehenswert auch das frühere Domizil des Museums, das Pašov-Haus von 1815 mit wunderschönen holzgeschnitzten Zimmerdecken und Marmorkaminen.

### ESSEN & TRINKEN

Verschiedene Weinkeller *(vinarna)* im Ort kredenzen Durstigen das wichtigste Produkt von Melnik.

# SÜDWEST-BULGARIEN

**Menčeva Kâšta**
Eine typische *mehana* mit vorzüglicher bulgarischer Küche. *Nahe dem Kordopulov-Haus, Tel. 07437/339*, €

### ÜBERNACHTEN

**Melnik-Hotelski Kompleks**
Ein funktionales, angenehmes Quartier. *24 Zi., 3 Apartments, Tel. 07437/272 oder 280, Hotel_Melnik@bulgaria.com*, € – €€

### AUSKUNFT

**Miluševa Kâšta**
Erteilt auch Hinweise auf Privatquartiere in der Stadt. *Nahe Melnik-Hotelski Kompleks, Tel. 07437/326*

### ZIEL IN DER UMGEBUNG

**Roženski manastir
(Rožen-Kloster)**   [118 C6]
Das Rožen-Kloster ist eines der ältesten Klosterkomplexe in Bulgarien. Die Anlage liegt inmitten bizarrer Gesteinsformationen, die Besucher passieren, wenn sie sich dem 6 km nordöstlich gelegenen Kloster von Melnik aus nähern. Gegründet wurde das Kloster vom Despoten Slav, dem Verwalter des Gebiets um Melnik, im 12. oder 13. Jh. Das heutige Gebäude stammt aus dem 16. Jh. und wurde im 18. Jh. grundlegend erneuert und ausgemalt. Seinen Ruhm verdankt das Kloster vor allem seinen holzgeschnitzten Altarwänden und Lesepulten. Der kleinere, zurückliegende Ikonostas ist ein wahres Meisterwerk der Holzschnitzerei. Wertvolle Wandmalereien aus dem beginnenden 17. Jh. finden sich an der südlichen Außenwand der Hauptkirche *Sveta Bogorodica*.

Nicht weit vom Kloster entfernt befindet sich das *Grab* des makedonischen Revolutionärs Jane Sandanski, dem auch eine kleine Ausstellung gewidmet ist.

*Blickfang im Salon des Kordopulov-Hauses sind die 24 zweireihigen Fenster*

# ZENTRAL-BULGARIEN

# Geschichte sehen und erleben

**Von den Thrakern zur Wiege des neuen Bulgarien**

Bulgarien hat niemals so etwas wie eine ausgesprochene Mitte besessen. Die Schichtung durch die Gebirgszüge hat vielmehr einzelne Streifen zumeist in westöstlicher Richtung geschaffen, von denen keiner allein die mittleren Teile des Landes beherrscht. Vielmehr ragen sie in diese sehr unterschiedlichen Landschaften hinein, vom Norden her der Balkan, vom Süden her die nördlichen Eingangstore zu den Rhodopen und zur Thrakischen Ebene, also zum gesamten Südteil des Landes. Dazwischen liegt der Streifen des Mittelgebirges.

Die Ortschaften sind geprägt von unterschiedlichen Epochen und Kulturen. Veliko Târnovo und seine Umgebung waren die Wiege des neuzeitlichen bulgarischen Staates, und überall im mittleren Teil des Balkans begegnet man Reminiszenzen an die nationale Wiedergeburt im 18. und 19. Jh. In Plovdiv weisen viele Spuren auf die thrakische Zeit und vor allem darauf hin, dass hier während des Osmanischen Reichs eines der Zentren der europäischen Türkei lag. Der mittlere Teil des Balkans und das Mittelgebirge sind lieblich,

*Die Goldkuppeln der Kirche von Šipka sieht man schon von weitem*

leicht zugänglich und passierbar. Am besten erschließt man sie sich von Veliko Târnovo oder von Gabrovo aus, wobei man dann zwei Fliegen mit einer Klappe schlagen kann: Im Umfeld von Gabrovo befindet sich die kompakteste Ansammlung von Ortschaften unter Denkmalschutz und Museumsstädten – wie etwa Boženci, Trjavna oder Etâra – und nicht weit südlich davon das Tal der Rosen. Allein Koprivštica, auf halbem Weg zwischen Sofia und Plovdiv bzw. Sofia und Gabrovo, macht eine längere Fahrt erforderlich, wofür Sie aber das märchenhafte Städtchen reichlich entschädigen wird.

## PLOVDIV

[120 B3] Wenn es nach der Schönheit ginge, müsste Plovdiv die bulgarische Hauptstadt sein. Der für seinen Witz berühmte griechische Schriftsteller Lukian sang im 2. Jh. wahre Lobeshymnen auf die »größte und schönste aller Städte Thrakiens«. Plovdiv besteht heute aus zwei Städten, der Neu- und der ★ Altstadt. Das alte Juwel ist von weitem sichtbar: Auf den drei Hügeln *Nebet Tepe* (Wächterhügel), *Džambas Tepe* (Seiltänzerhügel)

# PLOVDIV

*Antikes Plovdiv: Das unter Kaiser Marc Aurel angelegte Amphitheater dient seit fast zwei Jahrtausenden als Bühne*

und *Taksim Tepe* (Wasserscheidenhügel) erhebt sich die Altstadt.

Bei einem Stadtrundgang streift man die Stadtgeschichte von der Besiedlung durch die Thraker über die römische und die osmanische Zeit bis zur Zeit der nationalen Wiedergeburt im 18. und 19. Jh., als sich die Bulgaren auf ihre eigenen Traditionen besannen. Philipp II. von Makedonien hatte der Stadt 342 v. Chr. die Stadtrechte und seinen Namen verliehen: 300 Jahre lang hieß sie Philippopolis. Die Römer machten die Dreihügelstadt (Trimontium), wie sie sie nannten, im 1. Jh. zur Hauptstadt der Provinz Thrakien. Sie wurde in ihrer wechselvollen Geschichte oft erobert und zerstört.

Im 18./19. Jh. erlebte Plovdiv eine neue Blüte als Handelsstadt, von der heute viele schöne Häuser der Kaufleute aus der Zeit der nationalen Wiedergeburt zeugen. In der Altstadt leben und arbeiten heute nur 4500 der insgesamt 370 000 Ew. Sie erscheint wie ein bewohntes Freilichtmuseum, in dem wundervolle Häuser aus dem 18. und 19. Jh. das Bild bestimmen.

## SEHENSWERTES

Es ist nicht einfach, Plovdiv systematisch zu ergründen, die Stadt ist sehr verwinkelt. Am besten, man verschafft sich bummelnd eine erste Orientierung, um sich dann in der Altstadt und in der Neustadt die einzelnen Sehenswürdigkeiten gezielt anzusehen. In der *Neustadt* befinden sich Ruinen aus der römischen und der osmanischen Zeit. Am *Ploštad Stambolijski* haben sich viele hübsche Cafés angesiedelt.

### Amphitheater

Das prächtigste Zeugnis der Antike ist das Theater aus dem

# ZENTRAL-BULGARIEN

2. Jh., das von Kaiser Marc Aurel angelegt wurde und heute gut 3000 Zuschauern Platz bietet, wenn in den Monaten Mai, Juni und September klassisches Theater gespielt wird und Konzerte stattfinden. Von hier hat man einen herrlichen Ausblick auf die Rhodopen. *Am Südhang des Džambas Tepe, oberhalb des Tunnels und der Ulica Ivajlo*

### Džumaja džamija (Džumaja-Moschee)

Die Moschee aus dem frühen 15. Jh. besitzt innen einen sehenswerten Springbrunnen und an der Außenwand eine Sonnenuhr. *Ploštad Stambolijski*

### Hisar Kapija

Das Osttor stammt aus der spätantiken Zeit, als das heutige Plovdiv Stadt wurde (4.–1. Jh. v. Chr.). *Ulica Canko Lavrenov*

### Imaret džamija (Imaret-Moschee)

Die Moschee aus dem 15. Jh. fällt von weitem durch das Zickzackrelief am Minarett auf. Innen sind Fragmente von Wandmalereien erhalten und im Hof eine Grabstätte. *Han Kubrat, nahe dem Ufer der Marica*

### Rimski forum (Römisches Forum)

Vom Römischen Forum sind steinplattenbelegte Straßen und Fundamente von einzelnen Gebäuden freigelegt. *Am Centralen Ploštad, zwischen dem Hotel Trimontium Princess und der Hauptpost*

### Rimski stadion (Römisches Stadion)

Vom Stadion aus dem 2. Jh. sieht man den Ausgang und den Westteil sowie Überreste von Räumen und

---

## MARCO POLO Highlights »Zentral-Bulgarien«

★ **Veliko Târnovo**
Die denkmalgeschützte Altstadt ist eine faszinierende Konstruktion auf Felsterrassen (Seite 58)

★ **Koprivištica**
Eine sanfte Sinfonie aus Natur, Farbe und Baukunst im Mittelgebirge (Seite 56)

★ **Etâra**
Das originelle Freilichtmuseum ist eine Schatzkammer alter Handwerkskunst (Seite 62)

★ **Altstadt**
Die historische Altstadt von Plovdiv verkörpert die lange und wechselvolle Geschichte der Stadt (Seite 49)

★ **Bačkovski manastir**
Herrliche Klosteranlage mit einzigartigen Wandmalereien (Seite 55)

★ **Arbanasi**
Komplett restauriertes Händlerdorf, in Lage und Bauweise einzigartig in Bulgarien (Seite 62)

# PLOVDIV

einer Wasserleitung. 30 000 Menschen fanden hier einst Platz. *Ploštad Stambolijski*

**Stadtmauer**
Überreste der inneren Stadtmauer vom damaligen Philippopolis (4. bis 1. Jh. v. Chr.) befinden sich am Hügel Nebet Tepe in dem gleichnamigen Parkgelände.

**Sveta Marina**
Die 1851–53 errichtete Kirche besticht vor allem durch die Holzschnitzereien auf der Altarwand, auf dem Bischofsstuhl und der Kanzel. Viele der Ikonen sind das Werk des bekannten Meisters Stanislav Dospevski. *Eingang von Gavril Genov oder Stanislav Dospevski*

**Sveti Sveti Konstantin i Elena** (Insider Tipp)
Die Kirche wurde 1830–32 errichtet. Die vergoldete Außenwand schuf der bekannte Holzschnitzer Joan Paškula, zahlreiche Ikonen stammen vom bedeutenden Maler Zaharij Zograf. *Ecke Ulica Gorki/Starinna*

**Wiedergeburtsarchitektur**
Die Seele der musealen Atmosphäre der Altstadt bilden die Häuser aus dem 19. Jh.

Das *Agir-Kujumdžioglu-Haus* (In Ti) aus dem Jahr 1847 gehört dank seiner reich dekorierten Fassade zu den meistfotografierten Objekten der Stadt. Heute beherbergt es das *Ethnografische Museum (Ulica Čomakov 2, Di–So 9–12 und 13.30 bis 17.30 Uhr)*.

Das *Georgiadi-Haus* besticht durch seine Fassade mit den Erkern und dem geschwungenen Vordach. Hier befindet sich heute das *Museum für nationale Befreiung (Ulica Canko Lavrenov 1, Mi–Mo 9.30 bis 12.30 und 14–17 Uhr)*.

Das *Hindilian-Haus* (In Ti) gehörte einer wohlhabenden armenischen Kaufmannsfamilie und beherbergt

*Sveti Sveti Konstantin i Elena: prachtvolle Wandmalereien*

# ZENTRAL-BULGARIEN

die wohl prächtigste und kostbarste Inneneinrichtung der Stadt. *Ulica Artin Gidikov 11, Mo–Fr 9–12 und 13–18.30 Uhr*

## MUSEEN

### Arheologičeski muzej (Archäologisches Museum)

Obwohl der einst bedeutendste Schatz des Museums, der Goldfund aus Panagjurište, heute im Nationalen Historischen Museum in Sofia zu bewundern ist, hat es zur thrakischen und zur römischen Zeit einiges anzubieten. Sehenswert sind vor allem die Grabstätten aus der Bronzezeit aus dem Bezirk Plovdiv, der Bronzehelm aus Brestovica aus der thrakischen Zeit sowie die byzantinischen Goldmünzen aus dem 12. Jh. *Ploštad Sâedinenie 1, Mo 14–17, Di–So 9–12 und 14–17 Uhr*

### Etnografski muzej (Ethnografisches Museum)

Im unteren Teil des wunderschönen *Agir-Kujumdžioglu-Hauses* ist Handwerk der Wiedergeburtszeit ausgestellt. Interessanter als die Werkzeugsammlung sind die oberen Räume mit Mobiliar (viel mittel- und westeuropäischer Barock) und Trachten aus den Rhodopen. Im Juni und im September gibt es im Hof Kammermusikkonzerte. *Ulica Čomakov 2, Di–So 9–12 und 13.30–17.30 Uhr*

## ESSEN & TRINKEN

### Alafrangite *(der Tipp)*

Wunderschönes Gebäude aus dem 19. Jh. mit einem einladenden Gartenteil. Neben den üblichen Grillgerichten gibt es hier auch einige wenige Spezialitäten aus den Rhodopen. *Ulica Kiril Nektariev 17, €€*

### Čevermeto

Gute bulgarische Küche in folkloristisch-rustikaler Einrichtung. *Ulica Dondukov 4, €€*

### Evridika

Folkloristischer Stil im nobelsten Hotel (Novotel) Plovdivs, sowohl vom Ambiente als auch vom Essen her. *Ulica Zlatju Bojadžiev 2, €€–€€€*

### Filipopolis *(Insider Tipp)*

Das stilvolle Haus serviert eine gute einheimische Küche. Sehr zu empfehlen sind die schmackhaften Gerichte aus dem Backofen. *Ulica Gavril Genov, €€*

### Påldin

Das vornehmste Haus in der Altstadt mit einer breiten Palette bulgarischer Gerichte. *Ulica Knjaz Ceretelev 3, €€*

### Trakijski stan

Nicht unbedingt wegen einer außergewöhnlichen Küche, aber wegen des Gebäudes in der Altstadt und wegen des Folkloreprogramms ein beliebtes Ziel von Touristen, auch in Gruppen. *Ulica Påldin 7, €–€€*

## EINKAUFEN

In der *Strâmna-Gasse* sind das alte Handwerk und – vor allem – das Kunsthandwerk zu Hause. In kleinen Werkstätten gehen hier Kupferschmiede, Kürschner oder Pantoffelmacher ihrer Arbeit nach, und ihre Produkte – die die Passanten natürlich zum Kauf anregen sollen – zieren wie Museumsstücke Vitrinen und Wände der zuweilen winzigen Lädchen.

# PLOVDIV

## ÜBERNACHTEN

**Bâlgarija**
Minimalkomfort im Stadtzentrum. *60 Zi., Ulica Patriarch Evtimij 13, Tel. 032/63 36 62 oder 63 35 99, Fax 63 34 03, mmg@hotelbulgaria.net,* €€

**Hebros**
Süßes kleines Haus in der Altstadt, vorzügliche Ausstattung innen wie außen. *3 Zi., 3 Apartments, Ulica Konstantin Stoilov 51 a, Tel. 032/ 26 01 80 oder 62 59 29, Fax 26 02 52, hebrosh@tourism.bg,* €€

**Novotel**
Luxuriöses Haus mit Kasino und Swimmingpool. *319 Zi., 9 Apartments, Ulica Zlatju Bojadžiev 2, Tel. 032/93 44 81 oder 93 44 42, Fax 93 41 60, reservation@novotelpdv.bg,* €€€

**Trimontium Princess**
Das architektonische Zuckerbäckerwerk hat mit der Renovierung deutlich an Qualität (und auch bei den Preisen) zugelegt. *160 Zi., Ulica Kapitan Rajčo 2, Tel. 032/60 50 00, Fax 60 50 09, hotel@trimontiumprincess.com,* €€ – €€€

## AM ABEND

An klassischer Musik und Theater hat Plovdiv einiges zu bieten, vor allem während der beiden großen Messen im Mai bzw. Ende September/Anfang Oktober. Die *Konzerthalle,* das Stammhaus des städtischen Philharmonischen Orchesters, befindet sich auf dem *Centralen Ploštad,* die *Oper* auf dem *Bulevar Sašo Dimitrov 23.* Ein renommiertes *Festival der Kammermusik* findet alle zwei Jahre (2005, 2007 …) im Juni statt. Die *Konzerte* werden *im Hof des Ethnografischen Museums* gegeben, wo Einheimische über den ganzen Sommer hinweg gastieren (Karten für Musikveranstaltungen auf der *Ulica Knjaz Aleksandâr 35). Klassisches Theater* bieten das *Haupthaus* in der *Ulica Knjaz Aleksandâr 36* und in besonders eindrucksvoller Umgebung das *Amphitheater.*

In der *Ulica Knjaz Aleksandâr,* um den *Ploštad Stambolijski* herum und in der Altstadt haben sich inzwischen belebte Zentren der Kaffeehaus- und Barkultur etabliert. Angenehme Umgebung für einen Drink bei *Roma* in der *Ulica Maksim Gorki* oder im *Blauen Haus (Sinjata Kâšta)* in der *Ulica Kiril Nektariev.*

## AUSKUNFT

**Balkan Vip Tours**
*Bulevar Car Boris III Obedinitel 37, Tel. 032/90 34 30, Fax 90 22 62, viptours@plovdiv.techno-link.com*

## ZIELE IN DER UMGEBUNG

**Asenovgrad** [120 B4]
Eine der schönsten Strecken in den Rhodopen ist die Straße Nummer 86 von Plovdiv über Asenovgrad nach Smoljan. Die 20 km südlich gelegene Stadt Asenovgrad (50 000 Ew.) besitzt mit der Festung *Asenova krepost* eine der ältesten Burgen Bulgariens. Die Festungsanlage, am Ende eines malerischen Tals in den Ausläufern der Rhodopen gelegen, begeistert vor allem durch die exponierte Lage der zweigeschossigen *Kirche Sveta Bogoridza Petritschka.* Man findet sie dargestellt auf den Etiketten der vorzüglichen Weine aus Asenovgrad.

# ZENTRAL-BULGARIEN

*Unterwegs in den Rhodopen: archaische Landwirtschaft in den Bergen*

## Bačkovski manastir (Bačkovo-Kloster) [120 B4]

★ Die gut 20 km südlich bei Asenovgrad gelegene Anlage wird stets an zweiter Stelle genannt, wenn von bulgarischen Klöstern die Rede ist. Sie ist nach dem Rila-Kloster die zweitgrößte und steht auch wegen ihrer Bedeutung für die Architektur, die Kunst und das geistige Leben des Landes auf Platz zwei. Gegründet wurde das Kloster 1083 von den georgischen Brüdern Grigori und Abasi Bakuriani, die für die Gemeinschaft vom byzantinischen Kaiser einen autonomen Status erwirkten. Vom 12. bis 14. Jh. wechselten bulgarische und byzantinische Besitzverhältnisse einander ab, bevor Mitte des 14. Jhs. der bulgarische Zar Ivan Aleksandăr seine Macht über die Rhodopen festigte, Bulgaren im Kloster ansiedelte und als Stifter für eine neue Blüte sorgte. Im 16. Jh. wurden allerdings große Teile des Klosters zerstört, als einziges Gebäude blieb das heutige Beinhaus erhalten, eine Kirchengruft, die bereits zur Gründungszeit des Klosters angelegt wurde. Mit den in beiden Stockwerken zu sehenden Wandmalereien sind bedeutende Kunstdenkmäler aus dem 11. und 12. Jh. erhalten geblieben, die vermutlich von zwei georgischen Meistern geschaffen wurden.

Der Rest der heutigen Anlage geht im Wesentlichen auf den Wiederaufbau im 17. Jh. zurück. 1604 wurde die Hauptkirche *Sveta Bogorodica* errichtet. Diese Kirche ist als der einzige monumentale Kultbau der Bulgaren aus der Zeit vor der nationalen Wiedergeburt erhalten geblieben. Die Fresken im Innen- und im Vorraum stammen aus der Mitte des 17. Jhs. Die bedeutendsten Wandmalereien befinden sich indes in der *Nikolaikirche* im Südhof. Die 1840 fertig gestell-

# PLOVDIV

*Im Winter ideal für Skifahrer, im Sommer schön zum Wandern: Pamporovo*

ten Schöpfungen sind in die Geschichte der bulgarischen Kunst eingegangen – das erste bezeugte Werk des Meisters Zaharij Zograf. Hier finden sich das erste Selbstbildnis eines bulgarischen Malers, die ersten echten Genrebilder und realistischen Landschaften sowie erstmalig auch eine Kritik an der Obrigkeit: Die Plovdiver Honoratioren sind beim Jüngsten Gericht unter den Sündern der Stadt.

### Koprivštica [119 F1]

★ Ein liebliches Tal im Mittelgebirge, umgeben von bewaldeten Hängen, durchzogen von zwei Flüssen, und darin eine schier unendliche Ansammlung von Bilderbuchhäuschen aus dem 18. und 19. Jh. Koprivštica ist eine sanfte Sinfonie aus Natur, Farbe und Baukunst. Es grenzt an ein Wunder, dass die rund 120 km nordwestlich gelegene 3000-Ew.-Stadt unversehrt erhalten geblieben ist, denn hier war das Zentrum des Aprilaufstands von 1876 gegen die Türken. Diese Rolle verdankte die Stadt nicht zuletzt dem Umstand, dass sie zu einem wohlhabenden Handelszentrum aufgestiegen war – dessen damaliger Reichtum sich in der Fülle an prächtigen Häusern bis heute widerspiegelt.

Vor allem die aus der zweiten Hälfte des 19. Jhs. stammenden Gebäude bezaubern durch die farbenfroh bemalten Fassaden, die holzgeschnitzten Zimmerdecken und das stilvolle Mobiliar – wie etwa das *Garkov-*, das *Oslekov-*, das *Kableškov-* oder das *Kantardžiev-Haus*. Für historisch Interessierte sind das *Geburtshaus von Ljuben Karavelov* und das von *Benkovski* sehenswert;

# ZENTRAL-BULGARIEN

beide gehörten zu den prominentesten politischen Führern im Kampf um ein selbstständiges Bulgarien.

Auskunft und Hinweise gibt das *Touristische Informationszentrum, Ulica Ljuben Karavelov 1, Tel./Fax 07184/21 91, koprivshtiza@hotmail.com.*

## Pamporovo [120 B6]

Knapp 90 km südlich von Plovdiv auf einer Höhe von 1620 m befindet sich tief im Innern der Rhodopen am Fuße des Gipfels Snežanka das bekannteste Wintersportzentrum Bulgariens, die Tourismusanlage Pamporovo. Auch wenn Pamporovo im Winter wie im Sommer als sonnigster Flecken des Landes gilt, konzentriert es sich, anders als Borovec, sehr viel stärker auf die Angebote für die Wintersportler. Von Mitte Dezember bis Mitte April herrschen vorzügliche Schneebedingungen sowohl für Abfahrer als auch für Langläufer.

Wer liebliche Gebirge bevorzugt, wird hier im Sommer mehr auf seine Kosten kommen als im Rila oder im Pirin – Sonne fast das ganze Jahr hindurch, blumenbedeckte Wiesen, stille Seen, rauschende Bäche, viel Duft nach Wildbeeren und Kräutern.

17 Hotels und das Feriendorf Malina mit 30 Holzhäuschen stehen als Quartiere zur Verfügung. Für Individualreisende ist die Unterkunft in einem der Hotels in Pamporovo im Winter ausgesprochen teuer, Alternativen könnten die verschiedenen Hotels oder Privatquartiere in der südlich gelegenen Kleinstadt *Smoljan* sein. Als schönes Hotel ist im Sommer und Winter das *Grand Hotel Murgavec* zu empfehlen *(76 Zi., Tel. 03021/ 83 10 oder 83 66, €€).*

## Rozova dolina
## (Tal der Rosen) [120 A–B1]

Das Rosenöl gehört zu den weltberühmten Produkten Bulgariens – aber das Tal der Blüten, in dem es gewonnen wird, gehört auch zu den am meisten überschätzten Regionen des Landes. Zwei Attraktionen hat es allerdings zu bieten. Zum einen das *Rosenfest,* das zum Beginn der Rosenernte stattfindet. Die einzig empfehlenswerte Zeit für eine Fahrt ins Tal ist die Zeit der Rosenblüte *(Ende Mai/Anfang Juni),* sowohl der Farben wie des Dufts und des Rosenfestes wegen. Abgesehen von Ritualen der Rosenernte werden einheimische Lieder und Tänze vorgetragen, die Bulgaren sind durchweg in Nationaltrachten gekleidet, und besonders schönes Kunsthandwerk aus Kupfer und Holz wird präsentiert. Das Fest wird in *Kazanlâk* und in *Karlovo* begangen, aber auch in kleineren Orten finden Feiern statt.

Die zweite Attraktion ist die Lage des Tals zwischen Balkan und Mittelgebirge – es kann als Ausgangspunkt für Ausflüge in die Berge genutzt werden. Besonders eindrucksvoll sind die schäumenden Flussläufe der Strjama und der Tundža in den Durchbrüchen durch das Mittelgebirge, zu denen man am besten von Kalofer aus startet. Die größte Attraktion *Kalofers* ist das *Geburtshaus von Hristo Botev* (1848–1876), dem Poeten, utopischen Sozialisten und aktiven Revolutionär, der bei einer Aktion kurz nach dem Aprilaufstand 1876 gegen die türkischen Herrscher bei Vraca getötet wurde.

# VELIKO TÂRNOVO

Die Städte im Tal der Rosen sind leider weit weniger attraktiv, als manche bulgarischen Prospekte vermuten lassen. Die als Ausgangspunkt für einen Besuch im Rosental am besten geeignete Stadt ist *Kazanlâk* (**[121 D1]**, 65 000 Ew.) 120 km nordöstlich von Plovdiv. Berühmt ist das *thrakische Grabmal* aus dem 4. Jh. v. Chr. im *Tjulbeto-Park,* das 1944 durch Zufall entdeckt wurde. Das Original ist schutzeshalber für die Öffentlichkeit nicht zugänglich, aber etwa 50 m daneben ist eine Nachbildung zu besichtigen *(tgl. 8–12 und 13.30 bis 18 Uhr).* Berühmtheit erlangte das Grabmal vor allem durch das Wand- und Kuppelgemälde, eine Art Prozession von Quadrigen, vierspännigen Triumphwagen, und Dienern zu dem im Mittelpunkt sitzenden Ehepaar, das sich in einer zarten Geste des Abschieds gegenseitig hält. Im selben *Parkgelände,* nahe der nach Šipka führenden Straße, befindet sich das *Museum der Rose und der Rosenindustrie (Mai–Okt. Di–So 9–12 und 14 bis 17 Uhr),* in dem die Herstellung der verschiedenen Produkte in unterschiedlichen Epochen vorgestellt wird. Mitten im Stadtkern, am Platz der Freiheit *(Ploštad Svoboda),* befindet sich das *Hotel Kazanlâk,* die erste Adresse in der Stadt *(187 Zi., Tel. 0431/272 02, Fax 273 85, €€).*

In *Karlovo* (32 000 Ew.) ist Vasil Levski geboren, dessen *Geburtshaus* zum Museum ausgeschmückt worden ist *(Ulica Petko Sâbev, Di–So 8–12 und 13.30 bis 17.30 Uhr).* Lohnend ist ein Gang durch die Altstadt, wo einige Häuser aus dem 19. Jh. restauriert worden sind.

## VELIKO TÂRNOVO

**[114 B5]** ★ Le Corbusier pries ihre organische Struktur, der Generalfeldmarschall Graf Helmuth von Moltke ihre romantische Lage, dem bulgarischen Nationaldichter Ivan Vazov erschien sie als »ein Traumbild, eine Fata Morgana«. Zum Süden hin der Balkan, zum Norden das hügelige Donautiefland, unten im Tal die Windungen des Flusses Jantra und mittendrin die Stadt Veliko Târnovo, die in ihrer Form an einen großen Vogel erinnert, der sich mit ausgebreiteten Schwingen auf den Felsterrassen niedergelassen hat – die Stadt zählt zu den malerischsten des Landes und steht heute unter Denkmalschutz.

Eine 5000-jährige Geschichte der Besiedlung hat diese wunderschön gelegene Stadt (60 000 Ew.) hinter sich, zwei Jahrhunderte lang, vom Ende des 12. bis Ende des 14. Jhs., war sie die Hauptstadt des Zweiten Bulgarischen Reiches und eine kurze Zeit lang, nach der Ausgliederung aus dem Osmanischen Reich, auch die des neuen bulgarischen Staates. Veliko Târnovo war Wiege vieler bedeutender Schulen in der Literatur, Baukunst und Malerei, Heimat und Zentrum berühmter Vertreter der nationalen Wiedergeburt. Auch heute noch hat Veliko Târnovo seine Anziehungskraft nicht verloren. Bekannte und weniger bekannte Maler, aber auch Kunst- und Geschichtsinteressierte besuchen die Zarenstadt, um die ungewöhnliche Harmonie von Baukunst und Landschaft selbst zu erleben und zu interpretieren.

Die Überreste vom Zarenschloss und die Patriarchenkirche auf dem

# ZENTRAL-BULGARIEN

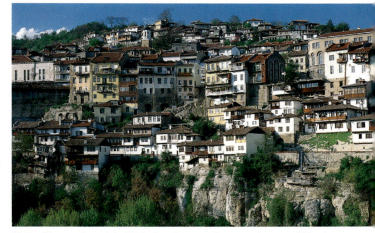

*Veliko Târnovo ist auf drei Hügeln erbaut worden, umrahmt von Mäandern des Flusses Jantra, der sich tief in die felsige Landschaft einschneidet*

Hügel Carevec zeugen von der einstigen Rolle als Hauptstadt, die verwinkelten Gässchen im alten Teil südlich und nördlich der Straße Dimitâr Blagoev von der Zeit der nationalen Wiedergeburt und der antitürkischen Bewegung. Die Atmosphäre des 19. Jhs. ist zwar erhalten geblieben, aber ein großer Teil der Gebäude hat erheblich gelitten.

## SEHENSWERTES

Vom Denkmal der 1876 an dieser Stelle gehenkten Revolutionäre am Ende der Ulica Dimitâr Blagoev lässt sich ein Rundgang sehr gut beginnen.

### Asenovata mahala (Asen-Viertel)

Vom mittelalterlichen Viertel, in dem einst Handwerker, Händler und niedere Geistliche lebten, ist nichts mehr zu sehen. Drei Kirchen aus jener Zeit sind erhalten. Die älteste ist die *Kirche des heiligen Demetrios von Thessalonike* von 1185 am nordöstlichen Hang des Trapezica. Hier riefen 1185 die Brüder Asen und Petâr den Aufstand gegen Byzanz aus. Die Kirche enthält in ihrem Innern keine besonderen Sehenswürdigkeiten.

Direkt gegenüber, am anderen Ufer des Jantra, erhebt sich *Sveti Sveti Petâr i Pavel (Peter-und-Paul-Kirche)*, im 14. Jh. gebaut, bei einem Erdbeben 1913 stark beschädigt und in den Achtzigerjahren restauriert. Die Kirche enthält sehenswerte Wandmalereien aus dem 14., 16. und 17. Jh.

Die künstlerisch bedeutendste ist die *Kirche der heiligen 40 Märtyrer (Ulica Kliment Ohridski)* aus der ersten Hälfte des 13. Jhs. Besonders sehenswert sind innen die Säulen des Khan Omurtag und des Ivan Asen II. Die Inschriften auf diesen Säulen zählen zu den ältesten

# VELIKO TÂRNOVO

schriftlichen Überlieferungen über das mittelalterliche Bulgarien. *Zwischen den Hügeln Carevec und Trapezica gelegen*

### Carevec-Hügel

Die natürliche Felsenfestung auf dem Carevec-Hügel bildete das politische und geistliche Zentrum des Zweiten Bulgarischen Reiches. Von dem einstigen *Zarenpalast* sind die Fundamente freigelegt, ein Teil der Festungsmauern, darunter der *Balduin-Turm,* wurde restauriert. Bei den Ausgrabungen stieß man auch auf die Fundamente von Wohn- und Wirtschaftsbauten, Kirchen und Klöstern.

Auf der Hügelspitze, wo einst die Patriarchenkirche – *Sveti Vâznesenie (Christi Himmelfahrt)* – stand, wurden in den Achtzigerjahren des 20. Jhs. in deren Überresten sozialistisch-realistische Fresken angebracht. Vom *Hinrichtungsfelsen* an der Nordspitze stürzte man im Mittelalter Verräter hinab.

In einem **gigantischen Licht- und-Ton-Spektakel** wird auf Bestellung die Geschichte Bulgariens symbolisch dargestellt. Gruppen ab 20–25 Personen können diese Veranstaltung für ca. 10 Euro pro Person buchen. Ein Genuss für Ohr und Augen. Kontakt: *Balkantourist VT, Tel. 062/63 39 75*

### Starija grad (Altstadt)

Die bekanntesten Bauten in der Altstadt sind mit dem Namen Kolju Fičeto verbunden. So wurde der Autodidakt Nikola Fičev genannt, der als Begründer des neuzeitlichen Bauwesens und des nationalen Stils gilt. Nach seinen Entwürfen wurde das *Wirtshaus des Hadži Nikoli* (Uli-

---

## Gabrovci

**»Doktor, was machst du, wenn du Grippe hast?«**

Wie jedes Land hat auch Bulgarien seine Schotten oder seine Schwaben. Hier sind es die Gabrovci, die Menschen also, die aus Gabrovo stammen, einer 82 000 Ew. zählenden Stadt in Zentral-Bulgarien. Viele, viele Witze kursieren über sie. Von den Gabrovci erzählt man sich, dass sie die Eier mit Zapfhähnen ausstatten, um für die Suppe nicht ein ganzes zu verschwenden, dass sie den Katzen den Schwanz abschneiden, damit man hinter ihnen die Tür rascher zuschlagen kann, damit die Suppe nicht erkaltet, dass sie nächtens ihre Uhren anhalten, damit sich die Zeiger nicht allzu schnell abnutzen. Schwer haben sie es, wenn sie auf ähnlich Hartgesottene treffen. Ein Mann aus Gabrovo will das Honorar für den Arzt sparen und fragt ihn auf der Straße: »Doktor, was machst du, wenn du Grippe hast?« Der, selbstverständlich ebenfalls aus Gabrovo, antwortet: »Ich niese.« Die Gabrovci genießen ihre Reputation: Mitte der Siebzigerjahre wurde ein »Haus des Humors und der Satire« eröffnet, und alle zwei Jahre im Mai findet ein Festival zu diesem Thema statt.

ca Rakovski 17, tgl. 10–17 Uhr) gebaut, das heute das Ethnografische Museum beherbergt, sowie das *Haus mit dem Äffchen (Ulica Vâstaniceska 14)*, ein allseits beliebtes Fotomotiv. Auch das Amtsgebäude der türkischen Behörden, der *Konak (Ploštad Sâedinenie)*, in dem die erste Nationalversammlung Bulgariens 1879 die Verfassung des neuen Staates annahm, wurde von Ficev entworfen.

Auf der *Ulica Gurko* ist eine Reihe stilvoller Gebäude erhalten. Herausragend ist das *Sarafina-Haus (Ulica Gurko 88, Di–Fr 9–12 und 14–18 Uhr)*, benannt nach dem Geldverleiher, dem es gehörte; seine prunkvolle Inneneinrichtung gibt Einblick in den Geschmack und die Kaufkraft der reichen Familien Târnovos im 19. Jh. Wieder zum Leben erwacht ist die Gasse *Samovodska Carsija*, in deren kleinen Werkstätten die Meister ihrem Handwerk nachgehen.

### Trapezica-Hügel

Auf diesem schwer zugänglichen Hügel hatten die Bojaren und hochrangige Vertreter des Klerus ihre Wohnsitze. Freigelegt wurden Grundmauern von 17 mittelalterlichen Kirchen sowie Teile der Dekorationen und Wandmalereien und einige weltliche Gebäude.

## MUSEEN

### Arheologiceski muzej (Archäologisches Museum)

Der Schwerpunkt der musealen Sammlung liegt auf der Zeit von 1200 bis 1400, als Veliko Târnovo die Hauptstadt des Bulgarenreichs war. *Ulica Ivanka Boteva, Di–So 8 bis 12 und 13.30–17.30 Uhr*

### Muzej na nacionalnoto osvoboždenie i konstitucionnoto sâbranie

Im früheren Konak sollen die Exponate des »Museums der nationalen Befreiung und der Konstituierenden Versammlung« den patriotischen Kampf der Bulgaren gegen die Türken bezeugen. Unverändert geblieben ist der Raum, in dem das erste bulgarische Parlament tagte und im Jahr 1879 die Verfassung annahm. *Ploštad Sâedinenie, tgl. 10–17 Uhr*

## ESSEN & TRINKEN

### Samovodska sresta

Schön gelegenes, volkstümliches Lokal am Eingang zur Altstadt mit zwar wenigen, aber schmackhaften Abwechslungen zu den üblichen Grillgerichten. *Ul. Georgi Kirkov, €*

## ÜBERNACHTEN

### Hotel Etâr

Großbau etwas außerhalb des Altstadtkerns, aber mit hübschem Blick. Restaurant (€) mit den üblichen Grillgerichten. *120 Zi., 8 Apartments, Ulica Ivajlo 2, Tel. 062/62 18 38, Fax 62 18 90, €–€€*

### Hotel Gurko

Kleine, feine Adresse in der Altstadt in einem restaurierten Wiedergeburtshaus. *12 Zi., Ulica Gurko 33, Tel./Fax 062/62 78 38, www.hotelgurko.hit.bg, €€*

## AUSKUNFT

### Balkantourist

Das Fremdenverkehrsbüro vermittelt auch Privatunterkünfte. *Im*

# Veliko Târnovo

*Grand Hotel Veliko Târnovo, Ulica Aleksandâr Penčev 2, Tel./Fax 062/63 39 75, balturvt@vt.prolink.bg*

## ZIELE IN DER UMGEBUNG

### ★ Arbanasi [114 B–C4]

Das ganz in der Nähe 4 km nordöstlich von Veliko Târnovo gelegene Dorf gehört faktisch noch mit zu den Baudenkmälern von Veliko Târnovo und steht ebenfalls unter Denkmalschutz. Von massiven Steinmauern umgebene Häuser mit eisenbeschlagenen Toren und – wenn auch kunstvoll – vergitterten Fenstern lassen sie von außen wie Festungen erscheinen. Ganz anders die Inneneinrichtung mit zierlichen Holzschnitzereien, schönen Fliesen und reicher Wandbemalung. Zehn Häuser sind restauriert worden, zwei von ihnen wurden in Museen verwandelt, darunter das *Dragostinov-Haus,* benannt nach einem der Anführer des Aprilaufstandes im Jahr 1876.

Sehenswert unter den fünf Kirchen Arbanasis ist vor allem die *Insider Tipp* Christi-Geburt-Kirche aus dem 17. Jh. Von den Kulturschätzen der beiden *Klöster – Sveti Nikola* und *Sveta Bogorodica* – haben die vom Anfang des 18. Jhs. stammenden Wandmalereien in der *Elias-Kapelle* des *Nikola-Klosters* den höchsten künstlerischen und historischen Wert. Den absolut besten Blick über das Tal bis hin zu den Gipfeln des Balkan hat man von der ehemaligen *Insider Tipp* Residenz Todor Schivkovs. Diese Aussicht sollten Sie sich bei einem leider etwas teureren Tässchen Kaffee nicht entgehen lassen.

### *Insider Tipp* Boženci [114 B5]

In idyllischer Stille gut 40 km südwestlich nahe Gabrovo liegt das Museumsdorf Boženci. In den steilen Gassen scheint die Zeit stehen geblieben zu sein. Um die zweistöckigen, weiß getünchten, mit schweren Steinplatten bedeckten Häuser wuchern Efeu und Wiesenstorchschnabel, im Dorfzentrum stehen Brunnen und Weinstube da wie vor 150 Jahren. Mehr als 100 Gebäude stehen unter Denkmalschutz.

Sehenswert ist vor allem das Haus eines reichen Wollhändlers aus dem frühen 19. Jh., *Kâštata na Dončo Popa.* Wer die Einrichtung eines bäuerlichen Heims aus dieser Zeit sehen möchte, sollte das Haus von *Baba Kostadinica* aufsuchen. Die *Kirche des heiligen Propheten Ilija* wurde 1835 errichtet. Für Unterkunft und Speisen ein schönes kleines Haus im Grünen: *Insider Tipp* Hotel-Mehana Boženci, *3 Apartments, Tel. 067193/310 oder 410,* €

### Etâra [114 A6]

★ Gut 50 km südlich von Veliko Târnovo hinter Gabrovo in einem Waldstück, durch das sich der Fluss Sivak schlängelt, öffnet sich das originellste und malerischste Freilichtmuseum Bulgariens. In originalgetreuen Kopien von alten Werkstätten werden 26 traditionelle Handwerke demonstriert.

Durch die Gassen schlendernd, kann man den Handwerkern bei ihrer Arbeit zuschauen. Ob in der Messerschmiede, der Walkmühle, der Holzfräserei oder der Litzenweberei – Werkzeuge, Einrichtungen, Mechanismen und Tätigkeiten sind hier fast genau in der Form zu sehen, wie sie in der Zeit der Nationalen Wiedergeburt in dieser Gegend vorherrschend war. Man kann die hier gefertigten Teile auch erste-

# ZENTRAL-BULGARIEN

hen. Es gibt gute Qualität zu moderaten Preisen.

Das Museum geht auf die Privatinitiative eines Bulgaren Anfang der Sechzigerjahre des 20. Jhs. zurück. 1963 wurde das erfolgreiche Projekt dann ein staatliches Freilichtmuseum. Etâra ist für Touristen gut erschlossen; in der Anlage selbst bietet der Weinkeller schmackhafte bulgarische Gerichte an, eine Bäckerei daneben das beliebte Weißbrot dieser Gegend und das *Motkov-Café* vorzüglichen türkischen Honig. Unmittelbar neben der Anlage befindet sich das *Hotel-Restaurant Etâr (41 Zi., Tel. 066/ 420 26 oder 424 19, etar@mbox. stemo.bg, €)*.

### Šipka [114 A6]

Über Gabrovo erreicht man den für die Bulgaren unter historischen Aspekten bedeutendsten Bergpass, den *Šipčenski prohod*. Hier hielten im August 1877 6000 Russen und Bulgaren drei Tage lang einer gewaltigen türkischen Übermacht stand.

Wer heute die fast 900 Stufen zur Plattform auf dem klumpig aussehenden ↙ Mahnmal für die gefallenen Bulgaren und Russen ersteigt, hat einen wunderschönen Ausblick auf das Tal der Rosen und das Mittelgebirge. Ein weiteres Denkmal wurde 80 km südlich von Veliko Târnovo im Dörfchen *Šipka* am Fuß des Balkans gebaut, die *Gedächtniskirche,* deren Goldkuppeln schon von weitem Anklänge an die russische Architektur des 17. Jhs. erkennen lassen.

### Trjavna [114 B5]

Einen Abstecher wert ist der 40 km südwestlich von Veliko Târnovo ge-

*Gasse im Museumsdorf Etâra: 26 traditionelle Handwerksbetriebe wurden originalgetreu rekonstruiert*

legene Ort (12 000 Ew.), den der »Medicus« im gleichnamigen Roman als lebhaften Handelsplatz kennen lernt. Im alten Teil finden sich sehenswerte Architektur des 19. Jhs. und vor allem Zeugnisse der bekannten Mal- und Holzschnitzereischule von Trjavna. Im *Daskalov-Haus* wetteten einst zwei Meister, wer die schönere Zimmerdecke schnitzen kann. Ein halbes Jahr später waren zwei wunderschöne Exempel, beide mit der Sonne in der Mitte, fertig gestellt.

## NORDOST-BULGARIEN

# Das Zentrum des alten Bulgarien

**An der Donau liegt das »Tor zur Welt« von einst**

Der Nordosten des Landes liegt etwas abseits der Hauptreiseströme. Er ist auch für bulgarische Touristen ein wenig bekanntes Terrain. Dabei hat er seine eigenen landschaftlichen Reize. Die Täler der Jantra und des Beli Lom zerstückeln die Donautafel zwischen Veliko Târnovo und Ruse in kleinere Einheiten, weiter östlich gibt es weite Flächen von Gras- und Buschland, auf denen nur Schaf- oder Ziegenherden zu finden sind. Beherrschend sind die Donau und das Zentrum des Nordostens, Ruse. Die Lage der Stadt an der Donau, die tief in den östlichen und weit in den mittleren Teil Europas hineinreicht, eröffnet gute Aussichten für eine neue Blüte. Hier liegen auch die beiden Zentren des ersten Bulgarischen Reiches im Mittelalter: die erste Hauptstadt Pliska, die zerstört wurde, und die Nachfolgehauptstadt Preslav. Im Nordosten ist vor allem auch die türkische Minderheit mit den Zentren Razgrad und Šumen vertreten. Die Bulgaren haben jedoch nach der Ausgliederung aus dem Osmanischen Reich 1878 von der türkischen Architektur wenig übrig gelassen.

*Pliska: Fundamente der ersten Hauptstadt aus dem 7. Jh.*

## RUSE

**[114 C1]** ★ Der Atmosphäre und Tradition nach ist die 210 000-Ew.-Stadt Ruse (gesprochen mit stimmlosem, scharfem s) unter den bulgarischen Großstädten die offenste. Sie war lange Zeit das »Tor zur Welt«. Der Hafen von Ruse war auf Mitteleuropa ausgerichtet. Von dort kamen die Geschäftsreisenden, die nach Konstantinopel wollten. Sie brachten Gastspiele ausländischer Orchester mit und stellten neue Musik und Instrumente vor. Viel Prominenz gab der Stadt die Ehre: Kaiser Franz Joseph, Kaiserin Eugénie, Hans Christian Andersen, Franz Liszt. Elf Konsulate ließen sich hier nieder, mehr als in Sofia. In Ruse wurde 1866 die erste Eisenbahnlinie Bulgariens gebaut (die nach Varna führende), hier schuf man die Grundlagen des modernen bulgarischen Buchdrucks. Der ökonomische und kulturelle Boom war nicht zuletzt der Vielvölkergemeinde zu danken, die sich hier gebildet hatte: viele Griechen, Armenier, einige Deutsche und am zahlreichsten sephardische Juden. Der Schriftsteller Elias Canetti wurde hier 1905 geboren und verbachte seine ersten Lebensjahre in der Stadt.

# RUSE

*Die schönen Gründerzeithäuser in der Fußgängerzone verleihen dem weltoffenen Ruse ein fast mitteleuropäisches Gesicht*

Später schrieb er, dass er in diesen sechs Jahren all das schon im Keim erlebte, was ihm später in vielen Teilen der Welt begegnen sollte.

Das Stadtbild unterstreicht den offenen, kosmopolitischen Charakter. Im Unterschied zu allen anderen Großstädten Bulgariens ist die Architektur nicht einseitig von der Nationalen Wiedergeburtsperiode dominiert, sondern weist den Einfluss vieler moderner Baustile Europas auf: Barock, Renaissance, Empire, Art nouveau.

## SEHENSWERTES

Im *Stadtpark* erhebt sich das von Arnoldo Zocchi entworfene *Monument der Freiheit.* Der unmittelbar davorliegende *Ploštad na Svobodata* ist ein guter Ausgangspunkt für einen Bummel durch die Fußgängerzone.

### Sveta Troica (Dreifaltigkeitskirche)

Die einzige christliche Kirche von größerer Bedeutung. 1632 errichtet, 1764 und 1881 um- und ausgebaut. Wie viele andere bulgarische Kirchen auch, wurde sie damals halb in den Boden hineingebaut, damit sie nicht auffiel. Sammlung alter Ikonen. *Ulica Goražd 1*

## MUSEEN

### Istoričeski muzej (Historisches Museum)

Der Silberschatz aus dem Dorf Borovo, thrakisches Kunsthandwerk und Werkzeuge aus der Bronze- und der Steinzeit sind hier ausgestellt; interessante ethnografische Abteilung. *Ploštad Aleksandâr Batenberg 3, Di, Do, Fr 10–12 und 15 bis 18, Sa 10–12, So 15–18 Uhr*

### Muzej na transporta i sâobštenijata (Transport- und Kommunikationsmuseum)

Vom hiesigen Bahnhof startete einst die erste Eisenbahn Bulgariens. Einige der Waggons sind auf dem Areal zu sehen. *Ulica Bratja Obretenovi 13, tgl. 8–12 und 14–17.30 Uhr*

# NORDOST-BULGARIEN

## ESSEN & TRINKEN

### Emona
Vorzügliche Fischspezialitäten in angenehm gastfreundlicher Atmosphäre. *Ulica Slavjanska, €–€€*

### Mehana Čiflika
Traditionelle bulgarische Küche mit einigen sonst selten angebotenen Topfgerichten in volkstümlichem Ambiente. *Ulica Otec Paisij 2, €*

## ÜBERNACHTEN

### Bistra i Galina
Komfortables Haus, einfallsreiche Architektur. *27 Zi., 2 Apartments, Ulica Han Asparuch 8, Tel. 082/82 33 44 oder 23 43 71, hotel@chamber.rousse.bg, €€*

### Hotel Riga
16-geschossiger Bau, vor allem auf Funktionalität bedacht. Es gibt drei Restaurants im Haus, das *Panorama* bietet eine vorzügliche Küche. *160 Zi., 9 Apartments, Pridunavski Bulevar 22, Tel. 082/22 21 81, Fax 23 03 62, rg_hotels@rs.bia-bg.com, €€*

## AM ABEND

Die städtische Philharmonie und die Oper haben einen guten Ruf. Das Stammhaus der *Philharmonie* befindet sich auf dem *Bulevar Rajko Daskalov 4, Tel. 082/22 53 64,* das Programm der Oper ist über *Tel. 082/22 79 76* in Erfahrung zu bringen. Neben dem *Dramatischen Theater Sava Ognjanov (Ploštad na Svobodata, Tel. 082/22 70 34),* in dem häufig Canetti gespielt wird, besitzt Ruse auch ein *Marionettentheater* auf dem *Bulevar Dimitâr Blagoev 9, Tel. 082/22 58 04.*

## AUSKUNFT

### Dunav Tours
Vermittelt auch (sehr preiswerte) Privatunterkünfte. *Ulica Olimpi Panov 5, Tel. 082/22 52 50 oder 22 67 78, Fax 27 71 67*

## DONAUFAHRTEN

Man kann ein- oder zweiwöchige Fahrten auf der rein bulgarischen Strecke zwischen Vidin und Silistra buchen, auf denen man die gesamte

---

## MARCO POLO Highlights »Nordost-Bulgarien«

★ **Tombul džamija**
Die größte Moschee Bulgariens (Seite 69)

★ **Madara**
In den Felsen gehauene schriftliche Dokumente mit der Bezeichnung »Bulgarien« (Seite 71)

★ **Ruse**
Die offene Atmosphäre ist spürbar, der Einfluss vieler europäischer Baustile sichtbar (Seite 65)

★ **Skalni črkvi pri Ivanovo**
Eine wahre Schatzkammer der Kunst (Seite 68)

# ŠUMEN

bulgarische Donautafel kennen lernt. Kleinere Schiffe stehen für ein- bis zweistündige Rundfahrten für Kleingruppen zur Verfügung. Landschaftlich ist die gesamte Strecke reizvoll, die interessanten Städte befinden sich allerdings ganz im Osten (Ruse, Silistra) beziehungsweise ganz im Westen (Vidin).

## ZIELE IN DER UMGEBUNG

**Naturreservat Srebârna** [0]
*Insider Tipp*
Direkt an der Donau erstreckt sich 120 km nordöstlich kurz vor Silistra dieses 6 km² große Reservat, das den Namen des nahe gelegenen Dorfes und des Sees trägt, den es mit einschließt – eine der interessantesten Feuchtzonen in Europa. Im und vor allem über dem ausgedehnten Schilfgebiet tummeln sich fast 100 Spezies von Wildvögeln, darunter mehr als 70 Arten von Reihern. Besondere Attraktion: die krausköpfigen Pelikane. Geldmangel und Umweltprobleme haben allerdings Spuren hinterlassen. Individualreisende können Schwierigkeiten mit dem Zugang bekommen; von Silistra und Varna aus werden Tagestouren organisiert.

**Skalni čerkvi pri Ivanovo (Höhlenkloster bei Ivanovo)** [114 C2]
★ Die rund 15 km südlich gelegenen Felsen in 32 m Höhe über dem Rusenski Lom beherbergen einige der wenigen erhaltenen Denkmäler der mittelalterlichen bulgarischen Kunst: unter Unesco-Schutz stehende Wandmalereien im Höhlenkloster aus der Târnovo-Schule. Einsiedler ließen sich hier im 12. Jh. nieder und begannen mit dem Aufbau eines Klosterkomplexes in den Felsenschluchten, dessen heute bekanntester Teil, eine »Die Kirche« genannte Höhle, vermutlich 1331 bis 1371 entstand.

**Thrakisches Grabmal** [115 F1]
*Insider Tipp*
Gut 80 km östlich von Ruse bei Sveštari befindet sich dieses unter Unescoschutz stehende Kulturdenkmal, das in der ersten Hälfte des 3. Jhs. v. Chr. für einen thrakischen Herrscher errichtet wurde. Die Architektur, die Wandmalereien und die gesamte künstlerische Gestaltung sind einmalig in Bulgarien. *Tgl. 10–18 Uhr*

## ŠUMEN

[116 A4] Das ca. 80 000 Ew. zählende Šumen ist in zweifacher Hinsicht ein sichtbarer Ausdruck dessen, was nicht »die Geschichte«, sondern die »Geschichtemacher« einem Stadtbild antun können. Von den Spuren der osmanischen Zeit ist abgesehen von der Tombul-Moschee fast nichts übrig geblieben; dafür sorgten die »nationalen Befreier« Bulgariens nach 1878. Umso mehr zeigt sich die sozialistische Urbanisierung im Stadtkern – einige Prestigeobjekte entlang der Hauptstraße, dafür Verfall in den kleinen Nebenstraßen und Betonblöcke in Sichtweite davon. Dennoch lohnt sich ein Besuch: Zum einen sind neben der Tombul-Moschee einige Beispiele der Architektur aus dem 19. Jh. sehenswert, zum anderen eignet sich die Stadt bestens als Ausgangspunkt für Ausflüge zu den alten Hauptstädten Preslav und Pliska und zum Reiterrelief von Madara. Die angrenzenden Höhlen von Madara, die einst

# NORDOST-BULGARIEN

als thrakische Kultstätten dienten, werden auch von den Einheimischen als Pilgerort der Ruhe und Entspannung aufgesucht.

## SEHENSWERTES

### Denkmal »1300 Jahre Bulgarien«

In Stein gemeißelter Nationalismus. Die Geschichte des Landes als Mosaik und mit schöner Aussicht auf Šumen. *Treppe vom Bulevar Slavjanski, dann beschildert südwärts durch den anschließenden Park*

### Tombul džamija (Tombul-Moschee)

★ Die größte erhaltene Moschee aus der osmanischen Zeit wurde 1744 von Sherif Halil Pascha errichtet. Der Hof der Koranschule (Medrese) wird von einem Brunnenhaus dominiert. Die Moschee, die während der sozialistischen Ära ein Museum war, wird heute von den Muslimen wieder als Gebetshaus genutzt. Einen schönen Blick auf den Kuppelbau und das doppelt so hohe Minarett erlaubt der nahe gelegene Uhrturm, dessen Glocke ohne Unterbrechung seit seinem Baujahr 1740 zu jeder vollen Stunde schlägt. *Ulica Doiran*

### Wiedergeburtsarchitektur

Die größte Konzentration von Häusern aus dem 19. Jh. ist um die *Ulica Car Osvoboditel* herum, die auch den Kern der Überbleibsel von der Altstadt bildet. Ganz nah bei der Tombul-Moschee steht das vielleicht prachtvollste Haus – das *Djukmedžjan-Haus (Ulica Stara planina 2)*, das Mitte des 19. Jhs. von einer armenischen Kaufmannsfamilie gebaut wurde. Man kann, wenn die Tore offen sind, in den Hof hinein. Das *Kossuth-Haus (Ulica Car Osvoboditel 35, Mo–Fr 8–17 Uhr)* beherbergte den Führer der ungarischen Revolution von 1848 für einige Monate. Eine Sammlung von Skulpturen und Zeichnungen ist im *Ivan-Ra-*

*Tombul-Moschee: größtes erhaltenes Zeugnis osmanischer Kultur in Bulgarien*

# ŠUMEN

*Die weiten Grasflächen um Šumen bieten nicht nur Ziegen gute Nahrung*

dev-Haus *(Ulica Car Osvoboditel 56, Di–Sa 9–12 und 14–18 Uhr, So 9 bis 13 Uhr)* zu besichtigen, die der Künstler dem bulgarischen Staat schenkte.

Einem der Begründer der klassischen Musik in Bulgarien, Pančo Vladigerov, ist das *Pančo-Vladigerov-Haus (Ulica Car Osvoboditel, Mo, Mi–Sa 9–12 und 14–18 Uhr, So 9 bis 13 Uhr)* gewidmet, in dem jedes Jahr Ende September ein Festival der Klaviermusik stattfindet.

## ESSEN & TRINKEN

### Mehana Starija Šumen
Traditionelle bulgarische Küche in ebensolchem Ambiente. *Im Hotel Šumen, Ploštad Oborište 1, €€*

### Popšejtanovata kâšta
Das volkstümlich eingerichtete Lokal in einem schönen Haus aus dem 18./19. Jh. serviert einheimische Spezialitäten. Sommergarten. *Ulica Car Osvoboditel 76, € – €€*

## ÜBERNACHTEN

### Hotel Madara
Direkt im Zentrum, mit Restaurant, das die üblichen Grillgerichte in ansprechender Qualität bietet. *78 Zi., Ploštad Osvoboždenie 1, Tel. 054/575 98, Fax 525 91, €€*

### Orbit
Das einstige Jagdhaus des Zaren Boris, in schöner Lage und relativ preiswert. *15 Zi. und 3 Ap., Leso-Park Kjöškovete, Tel. 054/523 98, €€*

### Hotel Šumen
Großbau mit einem folkloristisch eingerichteten Restaurant. *120 Zi., 13 Apartments, Ploštad Oborište 1, Tel. 054/591 41, Fax 580 09, transmit@psit35.net, €€€*

# NORDOST-BULGARIEN

## AUSKUNFT

**Tandem Turist**
*Ulica Sâedinenie 127 (nahe Hotel Madara), Tel. 054/80 04 49, Fax 80 04 50*

## ZIELE IN DER UMGEBUNG

**Madara** [116 B4]

★ Das berühmte Relief aus dem 8. Jh. zählt zu den bedeutendsten Dokumenten bulgarischer Kulturgeschichte. Es ist auf einer Höhe von 23 m aus einer Felswand unterhalb der alten Festung Madara rund 15 km östlich von Šumen herausgemeißelt worden und zeigt einen Reiter, der seine Lanze in einen vor ihm auf dem Boden liegenden Löwen gestoßen hat. Die Inschriften in griechischer Sprache um das Relief sind die ältesten bekannten Quellen, die das Wort »Bulgarien« enthalten. *Tgl. 8 Uhr bis zur Dämmerung*

**Pliska** [116 B3]

Heute sieht man von Pliska (25 km nordöstlich), bis 811 Hauptstadt des Ersten Bulgarischen Reiches, nur noch wenige Ruinen. Hilfestellung bei der Rekonstruktion bietet das *Museum. Anlage und Museum tgl. 8 Uhr bis zur Dämmerung, im Sommer bis 19 Uhr*

**Veliki Preslav** [116 A4]

Nahe beim 20 km südwestlich gelegenen 10 000-Ew.-Städtchen Preslav befindet sich der Ausgrabungskomplex der einstigen Hauptstadt des Zweiten Bulgarischen Reiches (10. Jh.). Hier ist erheblich mehr zu sehen als in Pliska: ein Teil der inneren Stadtmauer, Reste des Nord- und des Südtors, des Palastes, der Klöster und einiger Werkstätten. Jenseits des Südtors steht die sehenswerte *Goldene Kirche*. Im *Museum* ist unter anderem schöne Keramik ausgestellt. *Anlage und Museum Di–So 8–18 Uhr*

## Berühmte Bulgaren

**Vom Nationaldichter bis zum Verhüllungskünstler**

Die beiden berühmtesten Schriftsteller des Landes könnten unterschiedlicher kaum sein. *Ivan Vazov* (1850–1921) hat sich seinen Ruf als »Nationaldichter« redlich verdient. In seinem bekanntesten Roman »Unter dem Joch« und in zahlreichen anderen Werken verherrlichte er die bulgarische Nationalbewegung so sehr, dass man getrost von einer Blut-und-Boden-Mentalität sprechen kann. *Pejo Javorov* (1878–1914) hingegen, der wohl bedeutendste bulgarische Lyriker, gehörte zu den Mitbegründern des Symbolismus in der bulgarischen Literatur. Unter seinem Vornamen *Christo* (geb. 1935) weltberühmt wurde ein Bulgare mit dem Familiennamen Javachev, der verhüllt, um zu enthüllen. Christo studierte 1952–1956 an der Kunstakademie in Sofia. Seine Großprojekte sorgten immer für ebenso spektakuläre wie überraschende Perspektiven.

## SCHWARZMEERKÜSTE

# Rote Felsen, grüne Wälder, weißer Sand

**Raue Felslandschaften im Norden, im Süden malerische Städtchen**

Ungastlich« wurde das Schwarze Meer in der griechischen Mythologie geheißen, weil es, von starken nordöstlichen Winden angepeitscht, im Herbst und im Winter zu stürmischer Wallung anhob. Spätere Siedler im Küstengebiet waren anderer Meinung, sie nannten es das gastliche Meer. Die Türken wiederum lernten bei ihrem Vormarsch vor allem den stürmischen Charakter kennen. Derartiges hatten sie an der Südseite nicht erlebt. Für sie war es das schwarze Meer – und dabei blieb es. Heute befindet sich hier das Zentrum bulgarischer Gastlichkeit, das die meisten Touristen kennen lernen. Auf 378 km Küstenlänge erstreckt sich eine vielfältige Pracht, mit der die Natur dieses Land ausgestattet hat. Die Bulgaren teilen die Schwarzmeerküste in zwei Abschnitte ein: einen nördlichen mit Varna als Zentrum und einen südlichen mit dem Zentrum Burgas. Die Aufteilung hat auch etwas mit einer Spaltung in zwei fast

*Wie eine felsige Nase ragt Kap Kaliakra ins Schwarze Meer*

schon ideologische Lager zu tun. Nicht wenige Sofioter schwören Stein und Bein, dass die Strände im Süden viel schöner seien, was manche Varnenser wiederum für eine der typischen Boshaftigkeiten der Hauptstädter ihnen gegenüber halten.

Beide Teile haben in der Tat ihre eigenen Reize. Der Norden hat wunderschöne Felslandschaften um Balčik herum und namentlich bei Kaliakra zu bieten, wo rötliche Steine bis zu einer Höhe von 60–70 m aus dem Meer herausragen, die aufsteigende grüne Kulisse des Goldstrands und ganz gewiss auch die interessantere Großstadt. Im Süden wird der Sand zusehends

*Der feinsandige, 8 km lange Strand von Sonnenstrand bietet genügend Platz für viele Menschen*

# BURGAS

heller und feinkörniger. Um Primorsko wecken die üppige Vegetation und der mit Schlingpflanzen durchsetzte Wald im Mündungsgebiet des Ropotamo subtropische Gefühle. Diesen Teil schmücken mit Nesebâr und Sozopol die malerischsten Städtchen.

## BURGAS

[123 E2] Man wird Burgas (155 000 Ew.) nicht zu nahe treten, wenn man es nicht zu den Perlen unter den bulgarischen Großstädten zählt. Zwar mag manch einem die Skyline der Stadt im ersten Moment und von weitem imposant erscheinen, geprägt wird die Stadt jedoch von ihrem Hafen und der Industrie. Auch wenn die große Raffinerie ihren eigenen Hafen hat, beeinflusst sie das Badevergnügen nicht nur visuell. Dennoch: Burgas ist ökonomisches, administratives und kulturelles Zentrum der südlichen Schwarzmeerküste Bulgariens. Eine Fußgängerzone mit zahlreichen Cafés und Restaurants sowie den obligatorischen Souvenirangeboten lädt zum Bummel ein.

### SEHENSWERTES

In der Stadtmitte konzentrieren sich die wichtigsten Sehenswürdigkeiten um die Straßenzüge *Aleksandrova* und *Aleko Bogoridi*. Zu erwähnen sind das *Archäologische Museum (Bogoridi 21)* und die *Kathedrale Sveti Sveti Kiril i Metodij*, gebaut 1894–1905 nach Entwürfen von Ricardo Toscani, sowie die kleine *armenische Kirche* in der *Ulica General Major Lermontov*, die 1855 gebaut wurde.

### ESSEN & TRINKEN

**Ocean**
Einfachere Gaststätte mit sehr freundlicher Bedienung, gut für den schnellen Hunger. *Ulica Maria Gidjuk 17,* €

**Restaurant Primorez**
Vorzügliche Küche im Restaurant des gleichnamigen Hotels direkt am Strand. *Bulevar Knjaz Aleksandâr Batenberg 2,* €–€€

**Vodenicata**
In der »Windmühle« gibt es traditionelle Küche; gute Weinauswahl. *Im Meeresgarten,* €–€€

### ÜBERNACHTEN

**Hotel Bâlgarija**
Zentral gelegener, funktionaler Großbau. *163 Zi., 8 Apartments, Ulica Aleksandrovska 21, Tel. 056/84 26 10 oder 84 28 20, Fax 84 12 91, HotelBulgaria@2plus.bg,* €€–€€€

**Burgas Plaza** *Insi Tip*
Bestens eingerichtetes, neues kleines Haus mit großem Komfort. *11 Zi., 5 Apartments, Bulevar Bogoridi 42, Tel. 056/84 62 94, Fax 84 62 96, reservation@plazahotel-bg.com,* €€€

### AM ABEND

Burgas besitzt ein eigenes Philharmonisches Orchester sowie Theater *(Theater Adriana Boudevska, Ulica Car Asen 1, Tel. 056/84 15 24; Sommertheater im Meerespark, Tel. 056/428 14)* und Oper *(Theater für Oper und Ballett, Sv. Kliment Ochridski 2, Tel. 056/430 57)*. Ende

# SCHWARZMEERKÜSTE

August ist das Folklorefestival ein besonderes Highlight. Informationen dazu gibt es direkt beim Veranstaltungskomitee der Stadt, *Tel. 056/84 13 01.* 🏃 Beliebter Szenetreff der Jugend ist die Disko *Roxy (Ulica Ivan Vasil).*

### AUSKUNFT

**Ulfra-Tours Bâlgarija**
*Ulica Silistra 1, Tel. 056/84 24 48 oder 84 47 66, Fax 84 19 75, ulfra_tours@abv.bg*

### ZIELE IN DER UMGEBUNG

**Kiten** [123 F3]
🏃 Das 60 km südlich gelegene Kiten, das zu Primorsko gehört, hat sich erst in den letzten Jahren zu einem kleinen Zentrum für jüngere Leute entwickelt. Das junge, überschaubare Städtchen bietet mittlerweile ein ähnliches Programm wie die Hochburgen im Norden. Die Verkehrsanbindung mit Minibussen an Burgas ist hervorragend.

**Lozenec, Ahtopol
und Sinemorec** [123 F3–4]
Je südlicher man kommt, desto häufiger werden die romantischen Buchten, und desto seltener (relativ gesehen) werden die Ausländer. In dem knapp 70 km südlich gelegenen kleinen Ort Lozenec kommt man bis auf drei Hotels ausschließlich in Privatquartieren unter. Das Wasser ist teilweise sehr wild, die ortsansässige Gastronomie ausgezeichnet. Je weiter man nach Süden fährt, desto ursprünglicher die Umgebung, allerdings auch desto

## MARCO POLO **Highlights »Schwarzmeerküste«**

★ **Altstadt von Sozopol**
Die Halbinsel als Fischerdorf, das sich Ursprünglichkeit und Ruhe bewahrt hat
(Seite 78)

★ **Arheologičeski muzej**
Prunkstück des Museums in Varna sind Funde aus einer Totenstadt von 5000–4000 v. Chr. (Seite 80)

★ **Nesebâr**
Die Halbinsel als Museumsstadt – eine zauberhafte Sammlung aus antiken Zeugnissen, byzantinischen Kirchenbauten und bulgarischer Architektur des 19. Jhs. (Seite 76)

★ **Rimski termi**
Überreste der römischen Bäder aus dem 2. und 3. Jh. in Varna auf 7000 m$^2$
(Seite 80)

★ **Morska gradina**
Der größte Park von Varna und einer der schönsten der Balkanhalbinsel (Seite 80)

★ **Kap Kaliakra**
Rotgolden schimmernde, wild zerklüftete Felsen ragen 70 m hoch über dem Meer
(Seite 87)

# BURGAS

schlechter die Straßen. Dennoch lohnt sich die Weiterfahrt nach Ahtopol und Sinemorez. Ahtopol ist wegen seiner felsigen Lage auf einer Halbinsel und wegen der kleinen Gassen sehr hübsch; es erinnert ein wenig an Nesebâr. Im 100 km südlich gelegenen Sinemorec könnte man auf den ersten Blick den sprichwörtlichen begrabenen Hund vermuten. Aber auch hier werden Sie es in den Sommermonaten nicht leicht haben, noch ein freies Zimmer zu ergattern. Der Süden bietet vor allem für Zeltbegeisterte hervorragende Möglichkeiten, abseits der frequentierten Orte ein ruhiges Plätzchen zu finden. Die Busanbindung an die nächstgrößeren Orte ist gut.

### Naturreservat
### Ropotamo [123 E2–3]
Ungefähr 40 km südlich und 10 km südlich von Sozopol, in einem sumpfigen Waldgebiet, sollten Sie unbedingt einen Zwischenstopp für eine kleine Schiffsrundfahrt machen. Sie sind im Reservat *(Naroden park)* Ropotamo, einst das exklusive Jagdgebiet von KP-Führer Schivkov, heute zumindest im Hochsommer ein fast tropisch anmutendes Pflanzen- und Tierparadies. Ab zehn Personen stechen die Ausflugsschiffe, die von der Straße aus ausgeschildert sind, in das schlammige Wasser. Auskunft: *Tel. 056/55 97 97*

### Nesebâr [123 E1]
★ Eine Bilderbuchschönheit 35 km nordöstlich auf einer Felsenhalbinsel, die auf engem Raum ihre antike Herkunft sichtbar werden lässt, zahlreiche prächtige Zeugnisse der mittelalterlichen Baukunst präsentiert und im ganzen Kern von malerischen Häusern der Wiedergeburtsarchitektur in verwinkelten Gassen übersät ist. Der Ort (9000 Ew.) ist eine einzige Augenweide. Man sieht bereits während der Anfahrt links die Windmühle, dahinter Reste der antiken Stadtmauer am Hafen. Es erwartet Sie eine einzigartige An-

## Feuertänze

**Im Mai kommt es am Schwarzen Meer zu wahrhaft heißen Tänzen**

Kulturell interessant sind die so genannten Feuertänze oder Nestinarstvo-Tänze. Das Ritual hat eine lange Tradition im Grenzgebiet des südlichen Bulgarien und nordöstlichen Griechenland. Kern des Ritus ist der Tanz auf glühenden Kohlen zu Ehren der beiden Heiligen Konstantin und Helena. Der Festritus beginnt eine Woche vor dem Namenstag der Heiligen, nach alter Kalenderrechnung am 21. Mai. Heute wird bereits an diesem Tag der Namenstag Konstantins und Elenas gefeiert. Die Tänze finden mehr oder weniger regelmäßig in den Dörfern Bâlgari, Brodilovo und Rezovo statt – mittlerweile natürlich auch mit touristischem Beigeschmack. Trotzdem noch ein Geheimtipp.

# SCHWARZMEERKÜSTE

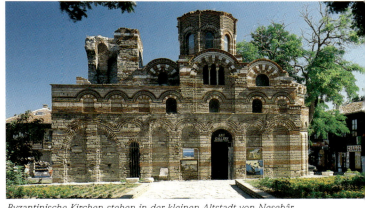

*Byzantinische Kirchen stehen in der kleinen Altstadt von Nesebâr*

sammlung von teilweise erhaltenen mittelalterlichen Kirchenbauten, darunter die *Alte Metropolitenkirche (Sveta Sofija)* aus dem 5./6. Jh. im historischen Zentrum des Ortes, die *Neue Metropolitenkirche (Sveti Stefan)* aus dem 11. Jh. mit bestens erhaltenen Wandmalereien aus dem 16. Jh. oder die *Kirche Sveti Johann Aliturgetos,* etwas abseits zum Strand hin gelegen, deren Fassade mit den geschwungenen, weiß-roten Säulenreihen und Bögen die Blütezeit des byzantinischen Kirchenbaus zu erkennen gibt. Die romantische Atmosphäre macht aber die Architektur des 19. Jhs. aus: Sowohl der Fassade wie des Interieurs wegen besonders sehenswert sind das *Lambrinov-Haus* und mehr noch das *Muskojani-Haus.* Insgesamt sind 60 Häuser aus der so genannten Wiedergeburtszeit erhalten.

Mit seinen weit über 100 Hotels und gut 50 Restaurants ist Nesebâr mittlerweile ausreichend touristisch erschlossen. Die Kommerzialisierung stößt hier tatsächlich bald an ihre Grenzen. Empfehlenswert ist Nesebâr daher für Individualtouristen vor allem in der Vor- und Nachsaison. Wer seinen Kaffee mit der reizvollen Aussicht von einer Felstribüne am Meer einnehmen möchte, sollte im *Bistro Zornica* (€) in der Nähe der alten Metropolitenkirche einkehren. Fisch gibt es naturgemäß überall auf der Halbinsel; sehr schön sitzt man im *Restaurant Neptun* (€) an der Spitze und auf einer der drei Terrassen des *Restaurants Andromeda* in der *Ulica Ivan Aleksandâr 1 (€€).*

Auskünfte über Veranstaltungen, Ausflüge etc. erteilt das *Touristische Informationszentrum (Ulica Tervel 7, Tel. 0554/421 99, www.nessebar.net).*

### Slânčev brjag (Sonnenstrand) [123 E1]

Die 27 000-Betten-Herberge Sonnenstrand 35 km nördlich ist der größte Ferienkomplex des Landes. Am 8 km langen, halbkreisförmigen Strand befinden sich über 100 Hotels, mehr als 130 Lokale, medizinische Zentren, Freilichttheater, Sport-

# BURGAS

stätten und zahlreiche Geschäfte. Der Ferienkomplex war schon immer darauf bedacht, sich als kinder- und familienfreundlich zu präsentieren, doch leidet er an den üblichen Schwächen eines Touristengettos.

Zu den empfehlenswerten Restaurants zählen das *Kondor* (€€), die *Hanska Čatra* (€€) mit folkloristischem und das *Južni nošti* (€€) mit orientalischem Programm. Wenn Sie Appetit auf Fisch haben, sollten Sie das *Taljana* (€€) in der *Feriensiedlung Elenite* aufsuchen. Als 🏃 Diskos sind das *Pascha,* das *Manija* und das *Iceberg* zu empfehlen.

Wer sich mit anderen Bulgarienreisenden in einem Forum austauschen will, sollte *www.sonnenstrand.de* besuchen.

### Sozopol [123 E2]

🏃 Der Streit darüber, wer schöner sei, Sozopol oder Nesebâr, ist ziemlich müßig – sie sind es beide auf ihre Art. Sozopol ist »jünger«, sagen die Bulgaren. Und das nicht nur stadtgeschichtlich: Sozopol ist eher bei jüngerem Publikum beliebt, während die nördliche Konkurrenz in Nesebâr eher beschaulicher wirkt.

Die ⭐ Altstadt von Sozopol (5000 Ew.) ist 30 km südöstlich von Burgas wie Nesebâr auf einer Felsenhalbinsel gelegen, und wie Nesebâr beherbergt sie eine Fülle von attraktiven Häusern aus dem 19. Jh. Aber hier säumen Zypressen die mit Kopfsteinpflaster bedeckten Gassen, in der Sonne trocknen Fischernetze und unter den Dachgesimsen die Fische. Die Nase registriert den Geruch von Feigen und Trockenfisch, man hat das Rauschen der Brandung und den Flügelschlag der Möwen im Ohr. Ein zauberhaftes Fischerdorf mit drei Stränden, das sich seine ursprüngliche Ruhe bewahrt hat. Es ist das bevorzugte Urlaubsgebiet von Malern und Schriftstellern.

*Das im ganz wörtlichen Sinn pittoreske Sozopol zieht viele Maler an*

# SCHWARZMEERKÜSTE

Von den Kirchen ist vor allem *Sveta Bogorodica* sehenswert mit Ikonen und Schnitzereien am Ikonostas (Bilderwand), an der Kanzel und am Bischofssitz. Das *Archäologische Museum* beherbergt eine bemerkenswerte Sammlung griechischer Vasen. Die schönsten Häuser, Cafés und Restaurants finden Sie im Bereich der Straßen *Ulica Apolonija* und *Kiril i Metodij*.

Zu empfehlen sind die *Mechana Vjatarna Melnica* (€€), auf die man trifft, wenn man geradewegs durch den Ort marschiert (leicht zu erkennen an der kleinen Windmühle), und die *Mechana Ksantana* (€€). Beide Häuser bieten Fisch- und nationale Spezialitäten. Auf der anderen Seite der Halbinsel bietet sich das *Orfeij (Kiril i Metodij 34)* an.

Die Insel, die in nördlicher Richtung zu sehen ist, heißt *Sveti Ivan*. Auf ihr befindet sich allerdings lediglich ein Leuchtturm mit Beihaus. Die andere vorgelagerte Insel, die mittels einer Mole an Sozopol angebunden ist, ist militärisches Sperrgebiet und beherbergt Reste der bulgarischen Schwarzmeerflotte.

## VARNA

[117 D4] Mehr als 2500 Jahre hat Varna (310 000 Ew.) nun auf dem Buckel – aber dank Meer, Seefahrt und spätem Tourismus ist die Stadt offen, dank der allgegenwärtigen Kastanienbäume ist auch ihr Kern grün, und die Atmosphäre ist jugendlich frisch geblieben. Natürlich ist die zauberhafte Lage das Kapital der Stadt, aber die Varnenser haben auch etwas daraus gemacht. Drei Strände (Nord, Zentral, Süd), Rücken an Rücken zum alten Teil, nebenan ein wunderschöner, riesiger Meerespark, der zum Flanieren einlädt.

Die Altstadt von Varna – wo 570 v. Chr. aus Milet stammende Griechen den Ort Odyssos gründeten – befindet sich nicht gerade in musealem Zustand. Sie verbreitet den heimeligen Charme einer gewachsenen Siedlung, die nach Hinterhof und Nachbarschaft riecht. Als »heilkräftigsten Seekurort im südöstlichen Europa« bezeichnet ein deutscher Reiseführer aus den Zwanzigerjahren die Küstenstadt. Die Badanlage aus dieser Zeit ist noch komplett erhalten, auch wenn der Charme mittlerweile einiges an Kraft verloren hat. Heute haben sich hauptsächlich Restaurants, Bars und Diskotheken in den Anlagen angesiedelt und diese einfach umfunktioniert. Selbst die Umkleideräume aus dem Jahr 1926 sind noch mehr oder weniger unrestauriert vorhanden.

Am Hausstrand Varnas sind die Einheimischen zumeist unter sich. Touristen besuchen die Stadt fast ausschließlich zum Bummeln oder Ausgehen. Denn kulturell hat Varna einiges zu bieten. Auch wenn die Geldmittel für Kultur in Bulgarien äußerst knapp bemessen sind und die Bedeutung der Oper oder des Balletts Varnas nicht mehr so groß ist wie noch vor einigen Jahren, mit dem Varnaer Sommer wird ein herausragendes Festival für klassische Musik, Theater, Oper und Ballett geboten, das auch internationale Stars anzieht. Vornehmlich im Festivalkomplex, aber auch auf den schönen Freilichtbühnen im Meerespark kann man so manche laue Sommernacht mit schönen Klängen verbringen.

# VARNA

## SEHENSWERTES

**Insider Tipp** **Delfinarium** [O]

Direkt im Meerespark gelegen eine Attraktion für Erwachsene und Kinder. In einer modernen Anlage sind Delphine bei der Fütterung oder in speziellen Shows zu beobachten. Die Tiere stammen unbestätigten Gerüchten zufolge allerdings gar nicht aus dem Schwarzen Meer, sondern sind importiert. Frischwasserzufuhr direkt aus dem angrenzenden Meer sorgt für authentische Bedingungen. Wechselnde Shows, teilweise mit Clowns und Schauspielern, machen den Ort vor allem für Familien mit Kindern zu einem Erlebnis. *Di–So 10–12 und 13.30 bis 15.30 Uhr, Eintritt 6–8 Euro*

**Morska gradina (Meerespark)** [81 A–C 3–5]

★ Das riesige Areal bei der Altstadt lädt ein zum Spazierengehen und Ausruhen. Im *Aquarium (Mo 14 bis 19 Uhr, Di–Sa 8.30–19, im Winter Mo–Fr 9.30–16 Uhr)* sind Flora und Fauna des Schwarzen Meeres sowie aus dem Mittelmeer und dem Nordatlantik zu sehen. Erläuterungen in deutscher Sprache.

**Rimski termi (Römische Thermen)** [81 C3]

★ Etwa drei Viertel des Areals von 10 000 m² im Südosten der Stadt, die die römischen Thermalbäder aus dem 2. und 3. Jh. einnehmen, sind durch die Ausgrabungen 1959 bis 1971 zu Tage gefördert worden. Freigelegt wurden Reste vom Kanalsystem, von Wasserbecken sowie von zahlreichen Räumen und Hallen, von denen einige imposante Höhen erreichen. *Di–So (im Winter Di–Sa) 10–17 Uhr*

**Sveto Uspenie Bogorodično (Mariä-Himmelfahrt-Kathedrale)** [81 B1–2]

Die Kathedrale von Varna wurde 1884–1886 errichtet. Sehenswert ist vor allem der Ikonostas, die dreitürige Bilderwand, die von makedonischen Meistern aus Debâr geschaffen und 1912 hier angebracht wurde; die reiche Wandbemalung dagegen stammt aus den Jahren 1949/50. *Ecke Ulica Marija Luiza/Ulica Varnenčik, tgl. 7–18 Uhr*

## MUSEEN

**Arheologičeski muzej (Archäologisches Museum)** [81 A2]

★ Die Prunkstücke der reichhaltigen Kollektion (50 000 Exponate aus der vorgeschichtlichen Zeit bis zum Mittelalter) sind die Funde aus einer Grabstätte der Kupferzeit (5000–4000 v. Chr.). Mehr als ein Drittel der freigelegten Grabstätten aus jener Zeit enthielten kein Skelett, sondern ausschließlich symbolische Grabbeigaben: viel Schmuck, Gegenstände aus purem Gold, zylinderförmige Perlen, aber auch Werkzeuge und Gefäße. Der Schmuck gehört zu den ältesten Goldschmiedefunden überhaupt. Im Museum ist auch eine Ausstellung bulgarischer Ikonen aus dem 16.–19. Jh. zu besichtigen. *Bulevar Marija Luiza 41, Di–So (im Winter Di–Sa) 10–17 Uhr*

**Etnografski muzej (Ethnografisches Museum)** [81 B2]

In einem der wenigen restaurierten Häuser der Wiedergeburtszeit wird der Alltag in der Region um die Wende zum 20. Jh. gezeigt – Trachten, Handwerk und Schmuck, Szenen volkstümlicher Feste und Ritu-

# SCHWARZMEERKÜSTE

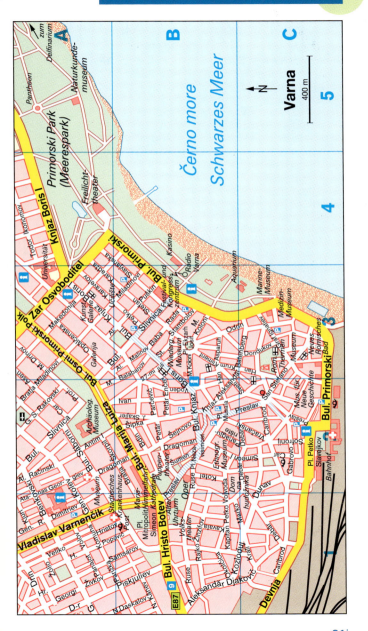

# VARNA

*Varnas Fußgängerzone mit schönen Häusern der Jahrhundertwende*

ale und die Originaleinrichtung einiger Räume aus dieser Zeit. *Ulica Panagjurište 22, Di–So (im Winter Mo–Fr) 10–17 Uhr*

**Muzej na vâzračdaneto (Wiedergeburtsmuseum)** [81 B3]
Das Museum befindet sich in dem Gebäude der ersten bulgarischen Schule in Varna (erbaut 1862). 1865 wurde ein Teil davon zur Kirche Sveti Archangel Michail (Erzengel Michael) umfunktioniert. Das Museum besteht seit 1959. Es zeigt unter anderem ein original eingerichtetes Klassenzimmer aus den Sechzigerjahren des 19. Jhs. sowie einen Teil des Interieurs der Kirche. *Juni–Sept. Di–So, Okt.–Mai Di–Sa 10–17 Uhr*

## ESSEN & TRINKEN

**Dimjat** [81 A4]
Etwas außerhalb in der Nähe der Sporthalle. Reiches Angebot an guter bulgarischer und internationaler Küche. Schöner Sommergarten. *Ulica Konstantin Fotinov 1,* €€

**Džudžurite** [81 B2]
Bulgarische Küche mit Livemusik. Klein, aber fein. *Ulica Panagjurište 15,* €–€€

**Godzila** [81 A4]
Sehr beliebte Pizzeria mit riesigen Salattellern im Angebot. *Bulevar Knjaz Boris I 66, Filiale in der Marija Luiza 23,* €

**Morska sirena** [O]
Am Ende der Hafenmole gelegen, ein Fest für Liebhaber der Industrieromantik. Die Sonne versinkt direkt hinter den Kränen der Hafenanlagen und der Werft. Einfache, günstige Küche. *Morska gara,* €

**Paraklis** [81 C3]
Köstliche traditionelle bulgarische Gerichte, die man andernorts fast schon vergessen hat, z. B. Kalbfleisch mit Auberginen. Ein restauriertes Gebäude mit ganz eigenem Charme, innen Ikonen und draußen eine schöne Terrasse. *Bulevar Primorski 47,* €€–€€€

**Rimski termi** [81 B3]
Vorzügliche bulgarische und internationale Küche. Pianomusik und Terrasse. *Bulevar Slivnica 50,* €€–€€€

## EINKAUFEN

Die Fußgängerzone bietet so ziemlich alles, was das Herz begehrt. Ein

# SCHWARZMEERKÜSTE

Markt ganz besonderer Art befindet sich an der *Ulica Georgi Benkovski* **[81 A1]** im Hof zwischen zwei Plattenbauten: Man nennt ihn den Garagenmarkt, weil die Bewohner der Häuser ihre Garagen an die Händler vermieten. Neben allerlei Nippes und Souvenirs findet man hin und wieder ein gutes Paar Schuhe oder einen schönen Stoff.

## ÜBERNACHTEN

Privatquartiere vermitteln das *Touristikbüro Libra* und zahlreiche Reisebüros in der Stadt.

### Černo more [81 B3]
Mitten im Zentrum und nahe am Meerespark. Das größte und komfortabelste Hotel Varnas. Vom Restaurant aus hat man einen wunderschönen Blick über die Stadt. *200 Zi., Bulevar Slivnica 33, Tel. 052/23 21 11, Fax 23 63 11, info @varnahotels.com, €€–€€€*

### Navarija [81 B3]
Hübsch restauriertes, kleines Haus, komfortabel und strandnah. *4 Apartments, Ulica Baba Rada 26, Tel. 052/61 00 21, Fax 23 20 47, navibul@infotel.bg, €€*

### Hotel Orbita [81 A3]
Preiswert, funktional, zentral gelegen und nur 500 m vom Strand entfernt. *64 Zi., Bulevar Car Osvoboditel 25, Tel. 052/60 26 17, Fax 60 26 18, orbita@abv.bg, €*

## AM ABEND

Das Angebot ist breit gefächert und reichhaltig. Im Varnaer Sommer von Mitte Juni bis Mitte August gibt es fast täglich schöne Konzerte, Opern- oder Ballettaufführungen von Ensembles aus aller Welt. Angesagter Technoclub der Stadt mit niveauvollem DJ-Dating ist der 🏃 *Komiks Klub* **[81 A3]** in der *Ulica Christo Samsarov;* ebenfalls in: das 🏃 *Tututeka* **[81 B3]** im Untergeschoss des Festivalkomplexes. Ein Tipp noch: Kinofilme werden in Bulgarien zumeist in der Originalfassung mit Untertiteln gezeigt! Umfassend und aktuell informiert man sich am besten im wöchentlich erscheinenden *Vsičko za Varna,* das es am Kiosk für ca. 30 Cent zu kaufen gibt. Einen guten Überblick über sehr viele Cafés, Diskos, Clubs, Bars und Restaurants bietet die *Karta na Vesela.*

## AUSKUNFT

### BG-Tours Varna [81 B2]
Vermittelt auch Privatquartiere. *Ulica Bdin 25, Tel. 052/60 14 48 oder 61 21 44, Fax 61 21 67, bgtours@ssi.bg*

## ZIELE IN DER UMGEBUNG

### Pobiti Kamâni (Steinerner Wald) [116 C4]
Die Entstehung dieser eigentümlichen Formation von Steinsäulen rund 20 km westlich ist nicht genau bekannt. Sie ragen bis zu 6 m in die Höhe, ihre Fundamente weisen beträchtliche Größenunterschiede auf. Sie sehen aus wie Tropfsteingebilde, nur stehen sie eben an der Oberfläche. Experten schätzen ihr Alter auf 50 Mio. Jahre. Die Steinsäulen sind in acht Gruppen unterteilt, von denen die zentrale Gruppe die größten, bis zu 4 m hohen Objekte vereinigt. *Auf der Bundesstraße nach Sofia, Richtung Devnja*

# Varna

**Insider Tipp**

**Schloss Evksinograd** [117 D4]
Am östlichen Ortsrand von Varna, eine Abfahrt vor Sveti Sveti Konstantin i Elena, liegt die Sommerresidenz der Zaren. Fürst Alexander von Battenberg erholte sich hier, und Zar Boris III. nutzte das Anwesen als Sommerresidenz. KP-Chef Todor Schivkov nächtigte allerdings nur im so genannten »Sommerbungalow«, der der Öffentlichkeit leider nicht oder nur selten zugänglich ist. Auch heute ist die Anlage noch »Regierungshotel«, deshalb wird nur Gruppen ab fünf Personen der Zugang mit einem Führer gewährt, und das auch nur von September bis Mai. *Führungen bucht man am besten direkt unter Tel. 052/39 35 10 oder 39 34 10.*

**Sveti Sveti Konstantin i Elena** [117 D4]
Eigentlich der älteste Kurort Bulgariens, dennoch etwas weniger bekannt und schön versteckt zwischen Varna und Goldstrand gelegen. Den Strand zeichnen vor allem mehrere kleine, windgeschützte Buchten aus. Das Leben geht hier noch etwas ruhiger vonstatten, dennoch muss auf abendliche Unterhaltung in den zahlreichen Restaurants und Cafés der zentralen Einkaufsmeile nicht verzichtet werden. Ein großer, bewaldeter Kurpark lädt zum Flanieren ein. Das Kloster *Sveti Konstantin* datiert aus dem 15. Jh. und gab dem Ort seinen Namen. Die dazugehörige Klosterkirche darf man besichtigen. Von den Hotels ragt (auch im buchstäblichen Sinn) das *Grand Hotel Varna (235 Zi., Tel. 052/36 14 91, Fax 36 10 20, ghv@mail.technolink.com, €€€)* mit empfehlenswertem, aber teurem Restaurant heraus; ein angenehmes Café mit gutem Kuchen und schöner Aussicht ist das *Panorama* in der zwölften Etage des Internationalen Hauses der Wissenschaftler.

Wer sich etwas abseits der Touristenpfade betätigen möchte, sei es am Gummiseil von der Brücke, auf

*Faszinierendes Naturphänomen: der Steinerne Wald mit bizarren Felssäulen*

# SCHWARZMEERKÜSTE

einer Flusssafari oder mit vier Rädern, wende sich an die *Columbus Tours* direkt am Strand von Sveti Sveti Konstantin i Elena oder in *Varna, Kavala 10, ap. 2, Tel. 052/ 22 21 61.*

## ZLATNI PJASÂCI (GOLDSTRAND)

[117 E3] Die reine Feriensiedlung nördlich von Varna ist die am besten gelungene Großanlage am Schwarzen Meer. Goldstrand zeichnet vor allem eine schöne Verbindung zwischen dem ruhigen, sonnigen Strand und den waldbedeckten Abhängen aus, die bis an die Küste heranreichen. Letzteres sorgt für eine gemütliche Atmosphäre im Innern der Anlage, sodass abseits des Hauptwegs entlang des Strandes kaum Anzeichen von Massentourismus zu spüren sind. Der 3,5 km lange Strand erreicht teilweise eine Breite von 100 m und ist mit feinkörnigem, golden schimmerndem Sand bedeckt, was der Anlage zu ihrem Namen verhalf. Regelmäßig verkehren die typischen Bimmelbahnen im Seebad und halten an allen wichtigen Zielen. Von Mitte Mai bis Mitte Oktober ist Badesaison, wobei es im Frühling etwas länger kalt bleibt, der Herbst dafür umso länger mild ist. Von Juni bis August können Sie mit Wassertemperaturen zwischen 22 und 24 Grad rechnen.

### ESSEN & TRINKEN

Mit Restaurants, Cafés und Bars ist der Goldstrand hervorragend ausgestattet. Im *Košarata* und *Ciganski tabor (beide €–€€)* werden zu guten Gerichten vom Grill zusätzlich Zigeunermusik und Volkstänze geboten.

**Riviera** *Insider Tipp*
Das Fischrestaurant wird auch *Ribkata* (das Fischlein) genannt. Es liegt unmittelbar am Strand, bietet fangfrischen Fisch und eine hervorragende Fischsuppe. *Auf dem Holiday-Club-Gelände Riviera, €–€€*

**Lotus**
Sehr gute Fischgerichte und schöne Terrasse. *Auf dem Holiday-Club-Gelände Riviera, €€*

### EINKAUFEN

Der *Bazar* vor dem Hotel Zlatna kotva bietet viele gute Lederwaren an, interessante Gemälde stellt die *Galerie pram* aus.

### ÜBERNACHTEN

Für Individualreisende wird es in den Sommermonaten schwer sein, ein Zimmer zu ergattern.

**Hotel Imperial**
Ein etwas sperriges Bauwerk, aber mit allem ausgestattet. Hier nächtigten in der Präsidentensuite unter anderen François Mitterrand und Erich Honecker. Zum Schönsten an diesem Haus gehört das ↙ *Café* mit Meeresblick. *46 Zi., 28 Apartments, Tel. 052/38 68 11, Fax 35 51 01, riviera@varna.ttm.bg, €€€*

**Oazis-Hotel**
Auf dem Holiday-Club-Gelände gelegen, das früher nur der Partei- und Staatsspitze vorbehalten war.

# ZLATNI PJASÂCI (GOLDSTRAND)

16 Zi. und Apartments, Tel. 052/
38 68 14, www.rivierabulgaria.com,
€€–€€€

**Hotel Perunika**
Etwas einfacher und günstiger, aber mit eigenem Pool. *102 Zi., Tel. 052/35 53 10, Fax 35 62 73,* €€

## AM ABEND

Am Abend locken neben vielen anderen die beliebten ✈ Diskos *Dolce vita* und *Bonkers*.

## FREIZEIT & SPORT

Ausrüstungen fürs Segeln, Surfen, Wasserskifahren und Parasailing können unter anderem am zentralen Strand beim Yachtclub gemietet werden. Viele Hotels haben Hallen- und/oder Freibäder und Tennisplätze wie das *Lilia* und das *Malina*. Fahrräder und Velorikschas werden an zahlreichen Stellen verliehen.

## AUSKUNFT

**Travelpartner**
*Im Hotel Magnolia, Tel. 052/ 38 25 50*

## ZIELE IN DER UMGEBUNG

**Aladža manastir**
**(Höhlenkloster Aladža)** [117 D3]
Das Höhlenkloster gleich im Rücken von Goldstrand stammt aus dem 13. oder 14. Jh. In den Kalksteinfelsen sind zwei Stockwerke ausgehöhlt, die durch eine Treppe verbunden waren. Im unteren Stock sind in den Überresten der Kirche Spuren von Wandmalereien, vermutlich aus dem 14. Jh., erhalten, die allerdings erheblich gelitten haben. Einen schönen Anblick bieten die sonnenbestrahlten ↘↗ Kalksteinfelsen, von denen man auch einen reizvollen Ausblick auf das Schwarze Meer hat. Mit dem Besuch können Sie einen schönen Spaziergang durch die schattigen Wälder oberhalb des Goldstrandes verbinden. An einigen Punkten laden Holzbänke und kleine Wasserquellen zu einem Picknick ein.

**Albena** [117 E3]
Eine der neueren Urlaubsanlagen Bulgariens 10 km nördlich mit mehr als 40 Hotels, drei Campingplätzen und einem 7 km langen, bis 100 m breiten Strand. Viele Sportstätten, Geschäfte, zahlreiche Angebote für Kinder und ein dichtes Netz von Lokalen machen Albena zu einer autonomen Urlaubsinsel, der es allerdings an Atmosphäre fehlt.

**Balčik** [117 E3]
↘↗ Zumindest einen Tagesausflug wert ist die so genannte »weiße Stadt« Balčik ca. 20 km nördlich von Goldstrand. Weiß deshalb, weil sich durch die Stadt und vor allem an der Küste wunderschön anzusehende Kalksteinfelsen ziehen. Sehenswert sind das *Schloss der rumänischen Königin Marija* und der angrenzende *Park,* der einen botanischen Garten mit über 3000 Pflanzenarten beherbergt. Berühmt ist der Garten vor allem für seine Wassermühlen und die große Sammlung an Kakteen. Der Ort wird »Tichoto Gnezdo« genannt, »stilles Nest«. Eine einfache, aber sehr beschauliche Sommerfrische. www.balchik.net

**Kamen brjag** [117 F2]
Nördlich vom Kap Kaliakra wird die Küstenlandschaft immer monoto-

# SCHWARZMEERKÜSTE

ner – flaches, steiniges Land. Nördlich des rund 60 km nordöstlich von Goldstrand gelegenen Dörfchens Kamen brjag lassen sich im Sommer in den Höhlen der zerklüfteten Felsenlandschaft junge Leute und Künstler nieder. Wie in einer kleinen Stadt aus Höhlen verbringen einige hier ihren Urlaub.

Die kleinen »Privatbuchten« laden auf jeden Fall zu einem romantischen Picknick ein. Orientieren Sie sich nach der Ortsdurchfahrt von Kamen brjag an einem Aussichtsturm, der einsam auf weiter Flur an der Küste steht. Dort kann man relativ leicht die Klippen hinabsteigen. Trittsicherheit ist trotzdem unbedingt erforderlich!

## Kap Kaliakra [117 F3]

★ Die felsige »Nase« der nördlichen Küste, wenn man die bulgarische Bezeichnung wörtlich übersetzt. Die rötlichen Felsen ragen bis zu 70 m hoch aus dem Meer und bieten einen wunderschönen Ausblick. Früher diente das Kap rund 50 km nordöstlich der Verteidigung, schon die Thraker hatten hier eine Festung errichtet. Überreste der Festungsmauern sind freigelegt und teilweise etwas unbeholfen wieder errichtet worden. Ein kleines Museum erinnert an die frühere strategische Bedeutung und zeigt archäologische Funde. Heute nehmen einen Großteil der Landspitze ein Marinestützpunkt sowie eine meteorologische Messstation ein.

Auf dem Weg zum Kap passiert man das *Denkmal der toten Mädchen*: In einer sehr eigenwilligen Ästhetik soll es den Freitod der Jungfrauen symbolisieren, die den Osmanen als Gegenleistung für die Verschonung der Festung ausgeliefert werden sollten. Die Festung wie die Stadt Kavarna wurden im 14. Jh. vernichtet. Auf 6,9 km² erstreckt sich rund um das Kap ein *Steppen-Naturschutzgebiet* mit vielen seltenen Tierarten und vom Aussterben bedrohten Pflanzen.

*Vom 70 m hohen Kap Kaliakra geht der Blick in drei Richtungen übers Meer*

# AUSFLÜGE & TOUREN

# Balkan, Bergseen, Badestrände

**Die Touren sind in der Karte auf dem hinteren Umschlag und im Reiseatlas ab Seite 114 grün markiert**

### 1 ZENTRAL-BULGARIEN: BALKAN, ROSEN UND GESCHICHTE

Diese Route vereinigt drei landschaftliche Schönheiten: den Balkan, das Tal der Rosen und den Ausblick aufs Mittelgebirge. Ein großer Teil verläuft entlang der Scheidelinie zwischen dem rauen, vom Balkan geprägten Norden und dem sonnigen Süden des Landes. Gleichzeitig schließt sie am Anfang (Koprivštica) und am Ende (Etâra) das malerischste Städtchen und das originellste Freilichtmuseum des Landes ein. Schließlich führt sie die Reisenden zu wichtigen Schauplätzen der bulgarischen Geschichte, die vor allem mit der Periode der Nationalen Wiedergeburt und mit dem Befreiungskampf gegen das Osmanische Reich zu tun haben. Die gesamte Wegstrecke beträgt gut 150 km. Für die reine Fahrzeit sind etwa zweieinhalb bis drei Stunden zu veranschlagen. Angesichts der Sehenswürdigkeiten auf der Route ist es aber sinnvoll, zwei Tage ein-

*Bulgariens kleinste Stadt: Melnik*

zuplanen und über Nacht einen Zwischenstopp in Kazanlâk einzulegen. Wer mehr Zeit hat, kann noch einen Tag anhängen und die sehenswerten Orte Boženci und Trjavna ansteuern.

Beginnen Sie den Ausflug mit einem Rundgang durch *Koprivštica (S. 56)*. Das bezaubernde Städtchen ist die passende Einstimmung auf diese Tour. Von hier aus sind es 13 km bis zur Landstraße Nr. 6, auf die Sie nach rechts in Richtung Kazanlâk und Burgas einbiegen. Nun befinden Sie sich auf der »Linie am Fuße des Balkan« *(podbalkanska linija)*, wie sie von den Bulgaren genannt wird. Zur Linken begleiten Sie die Südausläufer des mittleren Balkan – meist kahle, steile, terrassenförmige Abstürze. Der mittlere Balkan ist der massivste Gebirgsteil, und in seinem Süden befinden sich die steilsten Schluchten.

Die zweite landschaftliche Attraktion beginnt auf der Höhe von Klisura: Ab hier ist die gesamte Wegstrecke bis Kazanlâk (knapp 90 km) gewissermaßen rosengetränkt – aber freilich nur, wenn Sie während der Blütezeit im Mai oder im frühen Juni fahren. Außerhalb dieser Periode werden Sie auf die Far-

*Fast 2500 Jahre alt: Kuppelgemälde im thrakischen Grabmal von Kazanlâk*

benpracht und auch auf den Duft im *Tal der Rosen (S. 57)* verzichten müssen. Allerdings hat auch das Rosental die Folgen des wirtschaftlichen Niedergangs in den Neunzigerjahren zu spüren bekommen. Die Produktion von Rosenöl ist um fast zwei Drittel zurückgegangen, und an den Weltmärkten hat Bulgarien vor allem gegenüber der Türkei viel an Boden verloren. Der Blick auf die Anbauflächen bestätigt dies auf schmerzhafte Weise: In vielen Fällen sind die einstigen Rosenhecken inzwischen Gemüsefeldern und Erdbeerplantagen gewichen oder gar zu halb verdorrten Büschen verkommen.

Während die Landschaft auf dieser Route fast ununterbrochen reizvoll ist, konzentrieren sich die anderen Sehenswürdigkeiten auf den Beginn und das Ende. Nach Koprivštica werden Sie, auch wenn Sie bis Kazanlâk im Auto verweilen, nichts Wesentliches versäumen. Immerhin: Einige Städte im Tal der Rosen sind die Geburtsorte berühmter Bulgaren – in Sopot wurde der Nationaldichter Ivan Vazov, in *Karlovo (S. 58)* der Nationalheld Vasil Levski und in *Kalofer (S. 57)* der Poet und Revolutionär Hristo Botev geboren. Ihre Geburtshäuser, als Museen hergerichtet, gehören zu den wenigen Attraktionen dieser Städte. *Kazanlâk (S. 58)* hingegen bietet mit dem thrakischen Grabmal aus dem 4. Jh. v. Chr. einen wichtigen Anziehungspunkt.

Von Kazanlâk aus geht es dann auf der E 85 in den Balkan hinein. Hier wird den Reisenden eindringlich vor Augen geführt, dass der Balkan ein eher mildes als wildes Gebirge ist. Auf dem Weg von Kazanlâk nach Gabrovo ragen zwei Sehenswürdigkeiten heraus: der *Šipka-Pass (S. 63)* und das Freilichtmuseum Etâra. Die Gedächtniskirche im Dörfchen Šipka und der Blick von dem auf dem Šipka-Gipfel

# AUSFLÜGE & TOUREN

befindlichen *Mahnmal* für die gefallenen Bulgaren und Russen auf das Tal der Rosen und das Mittelgebirge gehören zu den Highlights auf dieser Route, ein Abstecher zu dem 12 km östlich des Šipka-Passes liegenden Nachbargipfel *Buzludža* zu den angenehmen Ergänzungsmöglichkeiten.

Dort locken ein prächtiger Nationalpark und die bizarre Struktur des *Museums*. Das Ganze ähnelt einem Raumschiff, das auf der Erde gelandet ist. Im Museum wird der Rebellen um Hadži Dimitâr gedacht, die am 2. August 1868 an dieser Stelle im Kampf gegen die Türken starben. Außerdem wird an die Gründungskonferenz der Bulgarischen Sozialistischen Partei erinnert, die am selben Ort am 2. August 1891 stattfand.

Den krönenden Abschluss der Route bilden der ausgedehnte Gang durch die nachgebildeten Werkstätten aus der Zeit der Nationalen Wiedergeburt im *Freilichtmuseum Etâra (S. 62)* und der anschließende Gaumenschmaus im Weinkeller. Quasi gleich hinter Etâra, die Anhöhe hinauf, befindet sich das *Sokolski-Kloster,* eine wunderschöne Anlage aus der Mitte des 19. Jhs.

Wer den Ausflug um einen weiteren Tag verlängern möchte, sollte von Etâra aus das Museumsstädtchen *Boženci (S. 62)* und das für seine Architektur aus dem 19. Jh. bekannte Örtchen *Trjavna (S. 63)* besuchen, beide nur wenige Kilometer östlich von Gabrovo gelegen. Von dort ist es auch nicht mehr weit bis *Veliko Târnovo (S. 58)* und dem in unmittelbarer Nähe gelegenen *Arbanasi (S. 62),* einer eindrucksvollen und bestens gepflegten Dorfanlage unter Denkmalschutz.

## 2 RILA UND PIRIN: GEBIRGE, BERGSEEN UND KLÖSTER

**Der Südwesten beherbergt die beiden höchsten Gebirgszüge des Landes – das Rila- und das Pirin-Gebirge. Beide sind leicht zugänglich und gehören wegen ihres satten Grüns und der zahlreichen Gebirgsseen zu den beliebtesten Ausflugszielen Bulgariens. Die Route führt durch beide Gebirgszüge hindurch und vermittelt einen Einblick in die landschaftlichen Reize der Region. Wer diese voll auskosten will, sollte das Auto in Bansko, am Rila-Kloster oder in Borovec abstellen und von dort aus eine Wanderung zu einem der Gipfel oder der zahlreichen Gebirgsseen unternehmen. Am Anfang und am Ende der Tour stehen Begegnungen mit der bulgarischen Klosterwelt. Die Route führt vom Rila-Kloster über Rila und Bansko nach Melnik und zum Rožen-Kloster. Die gesamte Wegstrecke beträgt gut 200 km. Bei gemütlichem Tempo wird die reine Fahrzeit zwischen dreieinhalb und vier Stunden betragen. Wenn Sie auch gleich das Rila-Kloster besichtigen wollen, sollten Sie in Bansko einen Zwischenhalt einlegen, wo Sie auch gut übernachten können.**

Die größte, bekannteste und vermutlich auch schönste Klosteranlage des Landes – das *Rila-Kloster (S. 44)* – steht am Beginn der Route. Mindestens einen halben Tag sollte man für ihre Besichtigung einplanen. Schon der zum Kloster hinführende Weg am Fluss Rilska Reka entlang, mitten durch dichten Tannenwald, gibt Ihnen ei-

*Von hohem künstlerischem und architektonischem Wert: das Rožen-Kloster*

nen ersten Eindruck davon, was Sie im Südwesten erwartet: Ruhe, Höhen, Wasserläufe und ein schier unendliches Grün.

Auf die Hauptstraße des Südwestens, die E 79, biegen Sie dann bei Kočerinovo nach links in Richtung Blagoevgrad ein. Die Straße verläuft direkt am Fluss Struma entlang. Auf beiden Seiten säumen sie üppig bewaldete Hänge, während im Auf und Ab der Straßenführung nie der Blick auf die Windungen der Struma verloren geht, die einige Male auch überquert wird. Einen Abstecher unbedingt wert ist *Bansko (S. 42)*: Bei Simitli biegen Sie links auf die Straße nach Gradevo und Razlog ein; von der Abzweigung bis Bansko sind es 43 km.

Zurück auf der E 79 geht es dann südwärts, bis Sie kurz hinter Sandanski nach Melnik abbiegen. In *Melnik (S. 46)* sollten Sie sich nicht nur Zeit für einen ausgiebigen Stadtrundgang nehmen, sondern auch für den Fußweg zum nahen *Rožen-Kloster (S. 47)*.

Abgesehen von Bansko und Melnik sind die Ortschaften entlang dieser Route von geringerem Interesse. Wenn Sie zwischendurch eine weitere Pause einlegen wollen, so sollten Sie dies entweder in Blagoevgrad oder in Sandanski tun. *Blagoevgrad* hat durch die 1991 eingerichtete, englischsprachige Amerikanische Universität in Bulgarien an Vitalität gewonnen. Sehenswert sind hier die pittoresken Überbleibsel vom einstigen türkischen Viertel. *Sandanski* ist vor allem als Heilbad bekannt. Hier steht ein riesiges Denkmal von Spartakus, denn einige Forscher glauben, dass der Führer des größten Sklavenaufstandes im Römischen Reich in dieser Stadt geboren wurde.

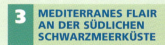

## 3 MEDITERRANES FLAIR AN DER SÜDLICHEN SCHWARZMEERKÜSTE

Der südliche Teil der Schwarzmeerküste hat die schönsten Strände, die malerischsten Städtchen, die üppigste Vegetation und eine mediterran anmutende Atmosphäre zu bieten. Viele Ortschaften ragen als Halbinseln ins Meer, Fischerdörfchen und -städte reihen sich aneinander, hell schimmernde Sandstrände laden zum Baden und

# AUSFLÜGE & TOUREN

**Sonnen ein. Die Route führt von Nesebâr über Burgas und Sozopol nach Ahtopol. Die Länge der Strecke beträgt insgesamt rund 130 km. Sie lässt sich zwar in etwas mehr als zwei Stunden bewältigen, doch sollten Sie angesichts der schönen Orte am Wegesrand mindestens eine zweitägige Tour daraus machen. Übernachtungsmöglichkeiten sind praktisch überall vorhanden.**

Schon der Beginn der Route bietet eine architektonische Perle: das romantische Städtchen *Nesebâr (S. 76)*. Von hier aus geht es südwärts auf der E 87 in Richtung Burgas.

Die erste größere Ortschaft auf dem Weg, das Heilbad *Pomorie,* auf einer schmalen, felsigen Halbinsel liegend, wurde 1906 durch einen Brand fast völlig zerstört, weswegen nur wenige alte Gebäude erhalten geblieben sind. Pomorie hat für die Gesundheit Moorbäder und Sanatorien und für den Gaumen einen aromatischen Wein (Pomorijski dimjat) zu bieten.

Sie werden nichts Außergewöhnliches verpassen, wenn Sie *Burgas (S. 74)* ohne längeren Aufenthalt passieren, um umso schneller nach *Sozopol (S. 78)* zu gelangen. Südlich von Sozopol erstrecken sich die schönsten Sandstrände Bulgariens und zahlreiche wundervolle Buchten. Es ist kein Zufall, dass hier einige der besseren Feriensiedlungen eingerichtet worden sind. *Kavacite* etwa hat ein luxuriöses Motel und einen schönen Campingplatz sowie Bungalows mitten im Wald zu bieten. *Djuni* etwas weiter südlich lockt mit besonders feinem Sandstrand. Noch vornehmer wird es dann in *Arkutino,* das im Eichenwald an einer stillen Bucht liegt. Etwas weiter südlich stößt man auf die Mündung des Flusses Ropotamo ins Schwarze Meer. Wer einen Abstecher ins Land hinein machen will, sollte dies hier tun und sich immer am Fluss halten: Man wird mit subtropischer Vegetation belohnt. Nach Süden hin wird es dann, wieder auf der E 87, immer ruhiger: *Carevos* kleiner Hafen wirkt fast verschlafen. Ab hier folgen Sie nicht weiter der E 87, sondern bleiben am Meer. Die Landstraße führt nach *Ahtopol,* das wegen seiner Halbinsellage und der engen Gassen wie eine Miniaturausgabe von Sozopol wirkt.

*Die Gegend um Sozopol lockt mit ausgedehnten Sandstränden*

## SPORT & AKTIVITÄTEN

# Von allem ein bisschen

**Ob zu Wasser, zu Land oder in der Luft –
in Bulgarien lässt sich überall ein wenig Sport treiben**

Bulgarien hat eigentlich alles oder besser: von allem ein bisschen, vom Hochgebirge bis zum Meeresstrand, Flüsse, Seen, Mittelgebirge und kulturelle Kostbarkeiten. Und mehr und mehr weiß man diese Schätze auch touristisch ansprechend zu nutzen. Für Touren im Land begibt man sich am besten in die Obhut geschulter Führer, an der Küste sind die Möglichkeiten zu sportlicher Betätigung durch die touristisch ausgebaute Infrastruktur sehr gut. Zwei besonders empfehlenswerte Veranstalter, die auf Sport, Extremsport und Abenteueraktivitäten spezialisiert sind: *Odysseia-In, Sofia, Bulevar Aleksandâr Stambolijski 20 V, Tel. 02/989 05 38, Fax 980 32 00, www.UniqueBulgaria.com; Club Adrenalin, Varna, Ulica Radko Dimitriev 35, Tel. 052/60 66 05 oder 02/943 47 30, www.clubadrenalin.com*

### ANGELN

Angeln ist bei vielen Bulgaren sehr beliebt und bei den Erfahreneren – schon wegen der landschaftlichen Reize – vor allem der Süßwasserfischfang an zahlreichen Flüssen,

*Abheben: Ballonfliegen am Strand*

Bächen und Stauseen. Von Sofia aus geht es meistens an die Flussläufe der Struma, von Burgas aus an diejenigen der Kamčija, der Tudža, des Ropotamo oder der Veleka. Auch an der Schwarzmeerküste sitzen viele Angler. Am Goldstrand (Hafen direkt neben dem Amphitheater) bietet sich die Möglichkeit, auf Ausflugsbooten sein Glück zu versuchen und den Haken direkt ins Meer zu werfen.

### ECOTRAILS

Ein spezielles Angebot nicht nur für geübte Wanderer, sondern auch für Familien mit Kindern oder auch ältere Menschen. Mit »Naturspaziergängen« kommt man der englischen Bezeichnung vielleicht am nächsten. Kurze, entspannte Wanderungen durch Flusstäler oder über Mittelgebirge in allen möglichen Landschaften Bulgariens. Angebote u. a. über *Odysseia-In* (s. vorn).

### EXTREMSPORT

Auch in Bulgarien verbreiten sich zusehends verschiedene Extremsportarten unter den Jüngeren. Eine Gruppe, die ausgefallene Wünsche bestens zu bedienen weiß, ist der *Club Adrenalin* (s. vorn). Von Sofia und Varna aus werden Kletter- und Höhlentouren, Jetskiing und vor allem Bungeejumping veranstaltet. Ab einer Gruppengröße von drei Personen lässt sich über alles reden: ob vor der Bergkulisse der Rhodopen oder im Sommer in Varna, wo man täglich von der Asparuchova-Brücke springen kann (Ortsausfahrt Richtung Burgas).

## GOLF

Eine Sportart, die in Bulgarien noch in den Kinderschuhen steckt. Ca. 50 km von Sofia entfernt befindet sich ein Komplex mit einer 18-Loch-Anlage (Gesamtlänge ca. 4,5 km). *Air Sofia Golf Club, Ulica 6 Septembri 1, Ihtiman, Tel. 0724/ 35 30, airsofia@airsofia.com*

## JEEPSAFARIS

55 km lang geht es in original russischen Militärjeeps durch das bulgarische Hinterland. Zu buchen z. B. in Varna bei *Columbus Tours, Ulica Kavala 10, ap. 2, Tel. 052/ 22 21 61, ca. 40 Euro*

## KAJAK

Das oftmals so still und beschaulich anmutende Land hat auch wilde Wasser zu bieten. Ob bei einer Fahrt auf der Donau, der Arda, der Struma oder durch die Iskâr-Schlucht, stets halten Sie sich in einzigartiger Landschaft beim Kajaking über Wasser. Ein hilfreicher Ansprechpartner (auf Englisch): *Kanu-Kajak-Klub Arzus, Stara Zagora, Tel. 088/46 57 11, www.arzus.dir. bg/english/index.htm*

## RADFAHREN

Vor allem das Mountainbiking hat in den vergangenen Jahren an Popularität gewonnen, entsprechend ist auch das Angebot an organisierten Touren gewachsen. Landschaftlich am reizvollsten sind die Rhodopen, weil sie nicht so stark bewaldet sind und daher bessere Ausblicke über Wälder und Berge erlauben. Eine schöne Tour für Individualreisende ist z. B. die von Avramovo nach Velingrad (Fahrzeit ca. viereinhalb Stunden). Informationen und Karten über *todeff@hotmail. com*. Es werden auch mehrtägige, ein- oder zweiwöchige organisierte Touren angeboten, die u. a. von den Rhodopen ins Rila- und Pirin-Gebirge führen (z. B. *Odysseia-In*, s. vorn).

## REITEN

In verschiedenen Teilen des Balkans, vor allem um Trojan herum, im Donautal und im Tal der Rosen gibt es zahlreiche reizvolle Wege für Reiter. Organisierte kürzere Ausflüge werden hier ebenso angeboten wie eine einwöchige Trekkingtour von Sofia aus über das Vitoša- bis hin zum Rila-Gebirge. Eine besonders empfehlenswerte Gelegenheit zum Reiten finden Sie im größten Gestüt Bulgariens, *Kabjuk*, ca. 12 km von Šumen entfernt im Dorf *Konivec*. Ob Sie eine geführte Tour unternehmen oder nur kurzen Ritt an der Longe, zusammen mit einem Besuch des angeschlossenen *Gestütsmuseums (tgl. 8–17 Uhr)* ein gelungener Tagesausflug. Kontakt über *Travelpartner in Varna, Tel. 052/38 25 50*, oder direkt unter *Tel. 054/570 57*

# SPORT & AKTIVITÄTEN

*Die sympathische Feriensiedlung Djuni: ideales Ziel für Segler und Surfer*

## WANDERN

Die schönsten Wanderrouten befinden sich in den Gebirgszügen, empfehlenswert sind vor allem die Pirin- und die Rila-Wanderungen (s. Kapitel Südwest-Bulgarien). Auch der Weg zu vielen Klöstern ist meist zugleich eine schöne Wanderung. Eine besonders attraktive Mischung aus Natur- und Kulturgenuss bietet ein Besuch der Klosteranlage *Sveta Troica* in der Nähe von Veliko Târnovo, die nur zu Fuß erreicht werden kann (ca. eineinhalb Stunden ab der nordwestlichen Seite des Trapezica-Hügels).

Inmitten der Rhodopen, versteckt und trotzdem sogar mit dem Auto gut zu erreichen, finden Sie die *Wunderbrücken (Čudnite mostove)*: riesige, jahrtausendealte Gesteinsformationen, die sich inmitten der geschlossenen Waldlandschaft erheben. Dort gibt es einfache Hütten als Übernachtungsmöglichkeit. Im Sommer wird auch ein kleines Restaurant betrieben. *Auf dem Weg von Smoljan nach Plovdiv, ca. 10 km nach Čepelare, Abzweigung in Richtung Zabardo*

## WASSERSPORT

In den touristischen Zentren an der Schwarzmeerküste gibt es alles, aber nicht alles überall. Durchweg verbreitet sind inzwischen neben den ohnehin flächendeckend vorhandenen Tret- und Ruderbooten auch Angebote für Wasserski und Windsurfen. Die besten Möglichkeiten für Segler bieten Sozopol und die Feriensiedlung Djuni. Zusehends mehr Ausrüstungen und Angebote gibt es jetzt auch für den Unterwasserfischfang und für Taucher. Informationen in den größeren Hotels, bei den Reiseagenturen am Ort oder direkt am Strand.

## MIT KINDERN REISEN

# Überall dabei

**Es gibt kaum etwas in Bulgarien, was Sie nicht auch mit Kindern unternehmen könnten**

Die Bulgaren sind sehr kinderfreundlich. Kinder bewegen sich in Bulgarien immer mit den Eltern, sie werden fast überallhin mitgenommen, sie gehören einfach dazu. Einrichtungen speziell für Kinder sind dagegen rar. Zwar gibt es überall zur Genüge Spielplätze mit Sandkästen und Rutschen, damit erschöpft sich das Angebot allerdings auch schon. Einige Lokale bieten jedoch Spielecken, und vor allem in den großen Ferienhotels am Schwarzen Meer ist das Angebot für Kinder aller Altersstufen ähnlich dem in Westeuropa.

**Ako-Theater Sofia** [U D4]
Wunderschöne Kindervorstellungen gibt es vom Ako-Theater im *Theater 199* in Sofia. *Ulica Slavijanska 8, Tel. 02/71 65 35, Fax 70 30 62, www.ako.hit.bg*

**Delfinarium Varna** [0]
Das Delfinarium im Meerespark in Varna, das einzige auf der Balkanhalbinsel, bietet sich für einen Familienausflug geradezu an. Man kann verschiedene Shows besuchen oder den Tieren einfach beim Schwimmen und bei der Fütterung zusehen. *Di–So 10–12 und 13.30–15.30 Uhr; Eintritt 6–8 Euro, Kinder 4–5 Euro*

*Nur einmal Kapitän sein ...*

**Kamčija-Flusssafari** [117 D5]
Was der Ropotamo südlich von Burgas, das ist der Kamčija südlich von Varna: ein Naturschutzgebiet mit ausgedehnter, nahezu unzugänglicher Sumpflandschaft. Eine organisierte Tagestour von Varna aus mit Paddelbooten und Grillen am Lagerfeuer ist für Kinder ein spannender Ausflug. *Columbus Tours, Ulica Kavala 10, ap. 2, Tel. 052/22 21 61, gut 30 Euro, Ermäßigung für Kinder unter 12 Jahren, Gruppenrabatt*

**Piratenschiff Leonardo** [117 E3]
Einmal Pirat sein, die Meere durchkreuzen, geheimnisvolle Schätze suchen und Meuterer bekämpfen: Der Goldstrand wird zum Piratenstrand auf der *Leonardo*. Mit Verkleiden und Tätowierung. Veranstalter: *Travelpartner, Hotel Magnolia am Goldstrand, Tel. 052/38 25 50, 25 Euro*

**Puppentheater**
Sowohl in Varna als auch in Sofia gibt es exzellente Puppentheater. *Varna: Ulica Dragoman 4* [81 B2]*, Tel. 052/60 78 41, Fax 60 78 42; Sofia: Ulica Gen. Josif V. Gurko 14* [U C4]*, Tel. 02/987 38 15, und Bulevar Janko Sakâzov 19* [U F3]*, Tel. 02/944 14 24. Vorstellungen in Varna in der Regel um 11, in Sofia um 10.30 und 12 Uhr.*

# Angesagt!

**Was Sie wissen sollten über Trends, die Szene und Kuriositäten in Bulgarien**

### Musik
Bulgaren lieben ihre Volksmusik. Nicht nur die Alten, auch die Jungen hören sie, allerdings in einer verpopten Art, die *Čalga* genannt wird. Im Sommer finden an allen Ecken und Enden der Küste Popfolk-Konzerte mit den Stars und Sternchen dieser Musikrichtung statt. Man hört diese vor allem auf Radio Veselina oder auf Televizija Planeta. Vor allem in den Zentren hat sich eine eigene Technoszene abseits des Mainstreams etabliert.

### Orakel
Die Bulgaren sind ein sehr gläubiges Volk. Dabei halten sie sich jedoch nicht nur an die Kirche, auch Natur- und Aberglauben sind weit verbreitet. Besonders begehrt sind die Deutungen von Wahrsagerinnen und Wahrsagern. Ob aus Kaffeesatz, Karten oder Pendelschwung, Wahrsagen hat Hochkonjunktur, und die Medien sind oft über Monate ausgebucht. Wahrsagen ist ein offizieller und anerkannter Berufszweig. Die berühmteste Wahrsagerin der letzten Zeit war Baba Vanga. Selbst Todor Schivkov, der Chef des Zentralkomitees der KP in Bulgarien, ließ sich von der zur Legende gewordenen Baba Vanga die Zukunft voraussagen.

### Trendsport
Die junge Generation sucht auch in Bulgarien immer mehr nach verrückten Trendsportarten. Neben Bungeespringen von Brücken in den Rhodopen sind vor allem Höhlenwandern und Klettern sowie Paragliding, Rafting und Jetskiing angesagt.

### Slavi Trifonov
Absolut hip bei Jung und Alt ist die Show von Slavi Trifonov im bulgarischen zweiten Fernsehkanal bTV. Trifonov ist so etwas wie eine bulgarische Mischung aus Harald Schmidt und den großen Late-Night-Comedys aus Amerika. Mit seiner Band produziert er auch eigene CDs.

### Trampen
In Deutschland fast ausgestorben, ist das Trampen in Bulgarien eine ganz normale Art der Fortbewegung. Vom alten Mütterchen bis zum Hippie – gerade im Sommer halten hier viele am Straßenrand den Daumen in die Höhe.

## PRAKTISCHE HINWEISE

# Von Anreise bis Zoll

**Hier finden Sie kurz gefasst die wichtigsten Adressen und Informationen für Ihre Bulgarienreise**

### ANREISE

**Auto**
Die kürzeste Autoroute führt über Graz, Maribor, Zagreb, Belgrad und Niš nach Sofia. Die etwas mühseligere Ausweichroute: nach Ungarn, über Budapest und Szeged, bei Nádlac nach Rumänien, von dort weiter über Arad und Timișoara. An einigen Grenzübergängen sind zum Teil lange Wartezeiten einzukalkulieren.

Von Villach (Österreich) und Lebeny (Slowenien) werden in der Sommersaison Autoreisezüge nach Svilengrad im Südosten Bulgariens eingesetzt. Bequem, aber sehr zeitaufwändig ist die Anreise über Italien (Triest, Venedig, Ancona), von dort mit der Fähre nach Griechenland und weiter über Thessaloniki nach Sofia.

**Bahn**
Die kürzesten Verbindungen nach Sofia führen über Wien und Belgrad (zweimaliges Umsteigen) oder über Budapest (einmaliges Umsteigen). Von Köln aus dauert die Fahrt nach Sofia über Wien/Belgrad ca. 34 Stunden, über Budapest ca. 38 Stunden, von Berlin aus über Budapest nach Sofia ca. 30 Stunden. Die Hin- und Rückfahrt in der zweiten Klasse kostet je nach Abfahrtsort rund 275 Euro.

**Bus**
Einige Kleinstunternehmen bieten Busfahrten nach Sofia an (einfache Fahrt ab Köln knapp 100 Euro).

**Flugzeug**
Direkte Linienflüge nach Sofia gibt es von Berlin, Frankfurt, Wien und Zürich. Die günstigsten Angebote für Hin- und Rückflug liegen bei etwa 300 Euro (allerdings keine Direktflüge), bei längeren Zwischenaufenthalten zahlt man in der Regel etwas weniger.

Bei Charterreisen im Sommer werden die Flughäfen am Schwarzen Meer in Varna und in Burgas angeflogen, im Winter die Flughäfen im Landesinneren in Sofia und in Plovdiv.

### AUSKUNFT

Die bulgarischen Fremdenverkehrsämter wurden aus Kostengründen aufgelöst. Die im Folgenden genannten Vertretungen sollen deren Funktionen übernehmen, können das aber zum Teil gar nicht wirklich. Aber wenigstens bekommt man dann Hinweise, an wen man sich sonst wenden könnte. Via E-Mail wendet man sich am besten an die zuständige bulgarische Botschaft *(info@botschaft-bulgarien. de; bulembassy@eunet.at; bulembassy@bluewin.ch)*.

**Wirtschaftsvertretung der Republik Bulgarien**
– Eckenheimer Landstr. 101, 60318 Frankfurt, Tel. 069/29 52 84, Fax 29 52 86
– Mauerstr. 11, 10117 Berlin, Tel. 030/208 80 94, Fax 201 21 07

**Handelsvertretung der Republik Bulgarien**
Rechte Wienzeile 13, 1040 Wien, Tel. 01/585 47 16, Fax 585 47 20

**Wirtschaftsvertretung der Republik Bulgarien**
Bernastr. 2-4, 3005 Bern, Tel. 031/3681925/26, Fax 3681927

## AUTO

Der nationale Führerschein genügt, die internationale grüne Versicherungskarte ist aber obligatorisch, anderenfalls muss an der Grenze eine Haftpflichtversicherung abgeschlossen werden. Für Schadensregulierung ist ein Polizeiprotokoll erforderlich. Höchstgeschwindigkeiten: für PKW auf Autobahnen 120 km/h, auf Landstraßen 80 km/h, in Ortschaften 60 km/h, für PKW mit Wohnwagen und Motorräder entsprechend 100/70/50 km/h. Es gilt absolutes Alkoholverbot.

Der *Pannendienst* hat die Rufnummer *911 46*. Zuständig für den zentralen Pannendienst ist der *Touring Club in Sofia (Ploštad Pozitano 3, Tel. 02/989 52 42)*. Informationen für Autofahrer erteilt die *Reiseagentur Šipka in Sofia (Ulica Lavele 18, Tel. 02/988 38 56)*.

## BANKEN & GELD

Die Ein- und Ausfuhr der Landeswährung ist bis zu einer Summe von 5000 Leva erlaubt. In den meisten Banken, in größeren Hotels, in einigen Tourismusbüros sowie in privaten Wechselstuben ist der Umtausch möglich. Allerdings haben sich in den vergangenen Jahren Fälle von Betrug und Raub in privaten Wechselstuben deutlich vermehrt. Vorzuziehen ist in jedem Fall der Tausch in den Banken. Bankautomaten sind in den größeren Städten vorhanden.

Luxushotels und Niederlassungen der Autoverleihfirmen akzeptieren die gängigen Kreditkarten. Seltener werden sie auch in Geschäften angenommen.

## CAMPING

Das Land hat ein ausgedehntes Netz an Campingplätzen, von denen sich an den touristisch interessanten Orten mindestens einer und am Schwarzen Meer die gesamte Küste entlang sehr viele finden.

## DIPLOMATISCHE VERTRETUNGEN

**Deutsche Botschaft in Sofia**
*Ulica Frederik Žolio Kjuri 25, Tel. 02/91 83 80, www.german-embassy.bg*

**Österreichische Botschaft in Sofia**
*Ulica Šipka 4, Tel. 02/981 17 21, www.austriatrade.org/bulgaria*

**Schweizer Botschaft in Sofia**
*Ulica Šipka 33, Tel. 02/943 30 68*

## EINREISE

Ein noch mindestens sechs Monate gültiger Reisepass ist erforderlich. Eine Visumpflicht besteht für EU-

# PRAKTISCHE HINWEISE

Bürger und Schweizer nicht, sofern sie nicht länger als vier Wochen in Bulgarien bleiben. Individualreisende müssen sich bei der Ausländerstelle der Polizei an ihrem Aufenthaltsort registrieren lassen, was normalerweise die Hotels erledigen.

## FOTOGRAFIEREN

Das Fotografieren militärischer Anlagen ist untersagt. In Kirchen sollte man fragen, es wird unterschiedlich gehandhabt. In den Großstädten und den touristischen Zentren sind die im Westen gängigen Produkte an Filmen und Batterien erhältlich, meist etwas preiswerter als in Deutschland.

## GESUNDHEIT

Bei Erkrankungen wenden Sie sich zunächst an die Rezeption im Hotel. Einen Arzt erreichen Sie über Notruf 150. Die medizinische Versorgung ist gut. In Großstädten und Touristenzentren sind die gängigen Medikamente erhältlich. Eine Grundausstattung sollte man mitnehmen. Es empfiehlt sich, eine Reisekrankenversicherung abzuschließen.

## INTERNET

Die informativsten Internetportale für alle möglichen Themen rund um Bulgarien sind *www.dirbg.com, www.online.bg* und *www.search.bg,* jeweils auf Bulgarisch und Englisch. Zahlreiche Informationen über Hotels und Reiseagenturen (die auch Informationen für Touristen bereithalten) bietet *www.kras.net,* allgemeine Informationen über verschiedene Tourismusbereiche finden Sie z. B. bei *www.discoverbulgaria.com* und *www.bulgarien-*

---

## www.marcopolo.de

**Im Internet auf Reisen gehen**

Mit über 10 000 Tipps zu den beliebtesten Reisezielen ist MARCO POLO auch im Internet vertreten. Sie wollen nach Paris, auf die Kanaren oder ins australische Outback? Per Mausklick erfahren Sie unter www.marcopolo.de Wissenswertes über Ihr Reiseziel. Zusätzlich zu den Informationen aus den Reiseführern bieten wir Ihnen online:

- das *Reise Journal* mit aktuellen News, Artikeln, Reportagen
- den *Reise Service* mit Routenplaner, Währungsrechner und Compact Guides
- den *Reise Markt* mit Angeboten unserer Partner rund um das Thema Urlaub

Es lohnt sich vorbeizuschauen: Wöchentlich aktualisiert, gibt es immer wieder Neues zu entdecken. Bleiben Sie auf dem Laufenden mit unserem E-Mail-Newsletter, den Sie kostenlos abonnieren können!

*reise.de.* Onlinebuchungen sind teilweise möglich, eine Auswahl von Hotels findet man auch unter *www.hotelbg.com* und *www.goldensands.bg*. Eine relativ gute Übersicht über den Tourismus an der Schwarzmeerküste bietet *www.beachbulgaria.com*. Zusätzliche Informationen über aktuelle Politik, aber auch allgemeine Informationen erhält man über die Nachrichtenwebsites *www.novinite.com* und *www.sofiaecho.com*. Einzelne Städte sind bereits mit eigenen Websites im Internet vertreten. Eine besonders erwähnenswerte Adresse für alternativen Tourismus in Bulgarien: *www.uniquebulgaria.com*

## INTERNETCAFÉS

Die Infrastruktur ist sehr gut. Man findet in jeder größeren Stadt zumindest ein kleines Internetcafé. Die Ausstattung der Computer ist allerdings oftmals noch etwas rudimentär. In den Hochburgen am Gold- und Sonnenstrand führen viele Hotels eigene Internetcafés. Hier finden Sie eine kleine Auswahl an Adressen in Bulgarien:
– Sofia: *cyberzone:future, Angel Kânčev 22 a, Tel. 02/986 40 62; The Matrix, Bulevar Janko Sakâzov 14 und fünf weitere Filialen, www.ma3x.net*
– Varna: *Cyber X, Bulevar Knjaz Boris 53; Universität, Bulevar Knjaz Boris 33*
– Sozopol: *Internet@Games, Apolonia 23*
– Nesebâr: *Internet, direkt neben Restaurant Mesambrija (Altstadt)*

## MIETWAGEN

Das Angebot ist vor allem in den Zentren groß. Die Tagesmiete beträgt ab ca. 25 Euro plus Kilometergeld. Gezahlt wird noch immer vornehmlich mit Devisen. Am Flughafen Sofia werden auch Kreditkarten angenommen. Angebote für Autovermietungen finden Sie unter *www.marcopolo.de*.

## NOTRUF

Notarzt *Tel. 150,* Polizei *Tel. 166*

## ÖFFENTLICHE VERKEHRSMITTEL

Sowohl der innerstädtische wie auch der Überlandverkehr verfügen über ausgedehnte Netze und sind ausgesprochen billig. Im Fernverkehr ist meistens der Bus der Eisenbahn vorzuziehen, wobei es inzwischen neben den staatlichen Linien auch private Busunternehmen gibt, über die man sich bei den großen Hotels erkundigen sollte. Man kommt um einiges schneller und komfortabler ans Ziel als mit der Bahn. Zu empfehlen sind die großen Gesellschaften *Etap-Adress, Biomet* und *Negima,* die teilweise auch Videofilme auf längeren Fahrten zeigen. Informationen über Abfahrtszeiten jeweils an den zentra-

| € | Leva | Leva | € |
|---|---|---|---|
| 1 | 1,94 | 1 | 0,52 |
| 2 | 3,88 | 2 | 1,03 |
| 3 | 5,82 | 3 | 1,55 |
| 4 | 7,75 | 4 | 2,06 |
| 5 | 9,69 | 5 | 2,58 |
| 6 | 11,63 | 7 | 3,61 |
| 7 | 13,57 | 12 | 6,19 |
| 8 | 15,51 | 25 | 12,90 |
| 9 | 17,45 | 100 | 51,59 |

# PRAKTISCHE HINWEISE

len Busbahnhöfen. Inlandsflüge sind ebenfalls relativ preiswert, für eine Strecke Sofia–Varna zahlen Nichtbulgaren etwas mehr als 50 Euro.

## ÖFFNUNGSZEITEN

In der Regel sind Lebensmittelgeschäfte Mo–Fr von 8 bis 20 Uhr, Bekleidungsgeschäfte von 10 bis 19 Uhr und Banken von 9 bis 16 Uhr geöffnet. Samstags kann man zumindest bis zum frühen Nachmittag Lebensmittel und Textilien kaufen. Viele Lebensmittelgeschäfte haben auch sonntags geöffnet.

## POST

Die bulgarischen Postämter sind meist Mo–Sa von 8 bis 18 Uhr geöffnet. Briefmarken sind hier und an einigen Kiosken – zusammen mit Postkarten – erhältlich. Die Preise für Postsendungen nach Westeuropa ändern sich häufig, sind aber vergleichsweise niedrig.

## PREISE & WÄHRUNG

Währungseinheit ist der Lev (Mehrzahl Leva). Er ist fest an den Euro gebunden. Nach wie vor sind die Preise für Touristen ausgesprochen niedrig, sieht man einmal von den Hotels in den Großstädten und touristischen Zentren und den ausländischen Leihwagen ab. Privatquartiere bekommt man schon für 10 Euro die Nacht.

## STROM

220 Volt Wechselstrom, die Mitnahme eines Adapters ist empfehlenswert.

### Was kostet wie viel?

| | | |
|---|---|---|
| **Kaffee** | **30–90 Cent** | für eine Tasse Espresso |
| **Imbiss** | **40–60 Cent** | für eine *banica* |
| **Wein** | **0,50–1 Euro** | für ein Glas Wein |
| **Wasser** | **40–60 Cent** | für ein Glas Mineralwasser |
| **Benzin** | **80–90 Cent** | für 1 l Super bleifrei |
| **Taxi** | **15–25 Cent** | pro Kilometer |

## TAXI

Ein Taxameter ist Pflicht, Quittung ebenso. Informieren Sie sich in den Hotels vorab unbedingt über die Kosten der geplanten Fahrt. Läuft das Taxameter verdächtig schnell, steigen Sie einfach aus und nehmen ein neues Taxi.

## TELEFON & HANDY

Hotels bieten Stadtgespräche häufig sehr günstig, in Sofia größtenteils sogar kostenfrei an. Auslandsgespräche dagegen sind sehr teuer. Zehn Minuten nach Deutschland kosten ca. 5 Euro. Vorwahlen: *0049* nach Deutschland, *0043* nach Österreich, *0041* in die Schweiz, *00359* nach Bulgarien, dann jeweils die Vorwahl ohne die Null.

Preiswerter als vom Hotel aus sind Ferngespräche von öffentlichen Telefonzellen. Telefonkarten von Bulfon (rot) oder Mobikom (blau) gibt es an fast jedem Zeitungskiosk, in kleinen Lebensmittelläden oder Buchhandlungen.

Das Handy hat auch in Bulgarien einen unaufhaltsamen Siegeszug angetreten. Allerdings sind die Kosten im Vergleich noch sehr hoch. Die größten Anbieter sind M-Tel und Globul. Das Netz ist gut ausgebaut, die Verbindung nach Deutschland fast überall sehr gut. Über die Kosten informieren Sie sich am besten bei Ihrem Anbieter. Erkundigen Sie sich über so genannte Calling Cards fürs Ausland, die Sie in Deutschland kaufen und mit denen Sie von Ihrem Urlaubsort aus telefonieren können.

## ZEIT

In Bulgarien gilt Osteuropäische Zeit, das Land ist der Mitteleuropäischen Zeit damit um eine Stunde voraus. Die Umstellung auf die Sommerzeit im März und die Rückstellung im Oktober erfolgt parallel zu der in Mitteleuropa.

## ZOLL

Ausländische Währung darf in unbegrenzter Höhe eingeführt, muss aber ebenso wie etwa wertvoller Schmuck deklariert werden. Zollfrei eingeführt werden dürfen 200 Zigaretten oder 50 Zigarren, 2 l Wein und 1 l Spirituosen. Fahrzeuge werden bei Einreise in den Pass des Halters bzw. Fahrzeugführers eingetragen, um die illegale Einfuhr von Autos zu verhindern. Freimengen bei Rückkehr in die EU: u. a. 200 Zigaretten, 1 l Spirituosen, 2 l Wein und sonstige Waren bis zu einem Wert von 175 Euro.

## Wetter in Varna

| | Jan. | Feb. | März | April | Mai | Juni | Juli | Aug. | Sept. | Okt. | Nov. | Dez. |
|---|---|---|---|---|---|---|---|---|---|---|---|---|
| Tagestemperaturen in °C | 4 | 6 | 10 | 15 | 21 | 26 | 29 | 29 | 24 | 20 | 13 | 7 |
| Nachttemperaturen in °C | -2 | -2 | 2 | 7 | 12 | 16 | 18 | 17 | 14 | 10 | 6 | 0 |
| Sonnenschein Std./Tag | 3 | 3 | 4 | 6 | 8 | 10 | 11 | 11 | 8 | 5 | 3 | 3 |
| Niederschlag Tage/Monat | 6 | 5 | 5 | 5 | 7 | 8 | 6 | 3 | 4 | 5 | 6 | 7 |
| Wassertemperaturen in °C | 6 | 6 | 7 | 10 | 15 | 19 | 22 | 23 | 21 | 17 | 13 | 9 |

# SPRACHFÜHRER BULGARISCH

# Говориш ли български?

**»Sprichst du Bulgarisch?«**
**Dieser Sprachführer hilft Ihnen, die wichtigsten Wörter und Sätze auf Bulgarisch zu sagen**

Zur Erleichterung der Aussprache sind alle bulgarischen Wörter mit einer einfachen Aussprache (in der mittleren Spalte) versehen.
Sehr wichtig ist, dass bei mehrsilbigen Wörtern die richtige Betonung eingehalten wird. Die betonte Silbe ist in der Aussprache durch ein Akzentzeichen (z. B. é) gekennzeichnet.
Weitere Besonderheit: zh wird wie »j« in »Journal« gesprochen.

## AUF EINEN BLICK

| | | |
|---|---|---|
| Ja./Nein. | da./ne. | Да./Не. |
| Vielleicht. | mózhe bi. | Може би. |
| Bitte. | mólja. | Моля. |
| Danke. | blagodarjá/mersí. | Благодаря./Мерси. |
| Vielen Dank! | mnógo wi blagodarjá! | Много ви благодаря! |
| Gern geschehen. | niáma sa kakwó. | Няма за какво. |
| Entschuldigung! | iswinéte! | Извинете! |
| Wie bitte? | mólja? | Моля? |
| Ich verstehe Sie/dich nicht. | ne wi/te rasbíram. | Не ви/те разбирам. |
| Können Sie mir bitte helfen? | mózhete li da mi pomógnete? | Можете ли да ми помогнете? |
| gut/schlecht | dobré/lóscho | добре/лошо |
| Ich möchte … | ískam da … | Искам да … |
| Das gefällt mir (nicht). | towá (ne) mi charésswa. | Това (не) ми харесва. |
| Wie viel kostet es? | kólko strúwa towá? | Колко струва това? |
| Wie viel Uhr ist es? | kólko e tschassát? | Колко е часът? |
| Wo ist die Toilette? | kadé e toalétnata? | Къде е тоалетната? |

## KENNENLERNEN

| | | |
|---|---|---|
| Guten Morgen! | dobró útro! | Добро утро! |
| Guten Tag! | dobár den! | Добър ден! |
| Guten Abend! | dobár wétscher! | Добър вечер! |
| Hallo! Grüß dich! | sdrawéj! sdrásti! | Здравей! Здрасти! |
| Ich heiße … | as se káswam … | Аз се казвам … |
| Wie heißen Sie/ heißt du? | kak se káswate/ káswasch? | Как се казвате/ казваш? |

| Wie geht es Ihnen/dir? | kak ste/si? | Как сте/си? |
| Danke, gut. Und Ihnen/dir? | blagodarjá, dobré sam, a wíe/ti? | Благодаря, добре съм, а вие/ти? |
| Auf Wiedersehen! | dowízhdane! | Довиждане! |
| Tschüss! | tscháo! | Чао! |
| Bis bald/morgen! | do sskóro/útre! | До скоро/утре! |

## UNTERWEGS

| links/rechts | naljáwo/nadjássno | наляво/надясно |
| geradeaus | napráwo | направо |
| nah/weit | blísso/dalétsche | близо/далече |
| Ist es weit? | dalétsche li e towá? | Далече ли е това? |
| Bitte, wo ist … | mólja, kadé e … | Моля, къде е …? |
| … der Hauptbahnhof? | … zentrálnata gára? | централната гара |
| … der Busbahnhof? | … aftogárata? | автогарата |
| … der Flughafen? | … aerogárata? | аерогарата |
| Ich möchte ein Auto mieten. | ískam da ssi naéma léka kolá. | Искам да си наема лека кола. |
| Ich habe eine Panne. | ímam powréda. | Имам повреда. |
| Würden Sie mir bitte einen Abschleppwagen schicken? | bíchte li mi prátili awaríen aftomobíl? | Бихте ли ми пратили авариен автомобил? |
| Wo ist hier in der Nähe eine Werkstatt? | íma li túka nablísso aftosserwís? | Има ли тука наблизо автосервиз? |

## Das bulgarische Alphabet und Transkription

| Bulgarischer Buchstabe | | Transkription | Bulgarischer Buchstabe | | Transkription |
|---|---|---|---|---|---|
| А | а | a | П | п | p |
| Б | б | b | Р | р | r |
| В | в | v | С | с | s |
| Г | г | g | Т | т | t |
| Д | д | d | У | у | u |
| Е | е | e | Ф | ф | f |
| Ж | ж | ž | Х | х | ch (oder h) |
| З | з | z | Ц | ц | c |
| И | и | i | Ч | ч | č |
| Й | й | j | Ш | ш | š |
| К | к | k | Щ | щ | št |
| Л | л | l | Ъ | ъ | â |
| М | м | m | Ю | ю | ju |
| Н | н | n | Я | я | ja |
| О | о | o | | | |

â/ă – entspricht dem dumpfen Laut im englischen »the«;
c – wird wie das deutsche z gesprochen; č – entspricht tsch;
dž – etwa wie in »Dschungel«
š – entspricht sch;
v – entspricht dem deutschen w;
z – entspricht dem stimmhaften s in »Rose«; ž – etwa wie in »Journal«

Wo ist die
 Tankste...
Bitte … Li...

 ... Benz...
  Okta...
 ... Benzi...
  Oktan...
... bleifrei.
... Diesel.
Voll tanken,...

Hilfe!/Achtu...
Rufen Sie bit...
 ... einen ...
 ... die Poli...
 ... die Feu...
Es war meine
 Ihre Schulo...
Geben Sie mir bitte
 Ihren Namen und
 Ihre Anschrift.

## ÜBERNACHTUNG

Können Sie mir ein Hotel
 empfehlen?
Ich habe bei Ihnen ein
 Zimmer reserviert.
Haben Sie noch freie
 Zimmer?
ein Einzelzimmer
ein Doppelzimm...
 mit Dusche/B...
 für eine Na...
Was kost...
...

móžete li da
 preporátsch...
 reserviř...
 edn...

mólja, dájte
 mi ímeto i
 adréssa si.

Моля, дайте
 ми името и
 адреса си.

## ESSEN/UNTERHALTUNG

| | | |
|---|---|---|
| Wo gibt es hier ein gutes Restaurant? | kadé íma dobár restoránt? | Къде има добър ресторант? |
| Gibt es hier eine gemütliche Kneipe? | íma li nablíso njákakwa prijátna krátschma? | Има ли наблизо някаква приятна кръчма? |
| Zum Wohl! | nasdráwe! | Наздраве! |
| Bezahlen, bitte. | mólja sa smétkata. | Моля за сметката. |
| Haben Sie einen Veranstaltungskalender? | ímate li prográma na kultúrnite meroprijátija? | Имате ли програма на културните мероприятия? |

## EINKAUFEN

| | | |
|---|---|---|
| Wo finde ich …? | kadé móga da namérja …? | Къде мога да намеря…? |
| Apotheke | aptéka | аптека |
| Bäckerei | chlebárniza | хлебарница |
| Fotoartikel | magasín sa fotográfski stóki | магазин за фотографски стоки |
| Lebensmittelgeschäft | magasín sa chranítelni stóki | магазин за хранителни стоки |
| Markt | pasár | пазар |

**109**

| | | |
|---|---|---|
| ...mi | ...nate chotél? | Можете ли да ми препоръчате хотел? |
| ...ach pri was ...a stáia. | | Резервирах при вас една стая. |
| ...mate li óschte sswobódni stái | | Имате ли още свободни стаи? |
| | stája s ednó legló | стая с едно легло |
| | stája s dwe leglá | стая с две легла |
| | stája s dusch/bánja | стая с душ/баня |
| | sa edná noscht | за една нощ |
| ...t das Zimmer ... | kólko strúwa stája ... | Колко струва стая ... |
| ...t Frühstück? | ... ssas sakúska? | ... със закуска? |
| ... mit Halbpension? | ... s polupanssión? | ... с полупансион? |

## PRAKTISCHE INFORMATIONEN

| | | |
|---|---|---|
| Können Sie mir einen guten Arzt empfehlen? | mózhete li da mi preporátschate dobár lékar? | Можете ли да ми препоръчате добър лекар? |
| Hier tut es weh. | tuk me bolí. | Тук ме боли. |
| Wo gibt es bitte... | mólja, kadé ima ... | Моля, къде има |
| ... eine Bank? | ... bánka? | ... банка? |
| ... eine Wechselstube? | ... tschejndsch? | ... чейндж? |
| Ich möchte ... Euro (Schweizer Franken) in Leva wechseln. | ískam da obmenjá ... evro (schwejzárski fránka) sa léwowe. | Искам да обменя ... евро (швейцарски франка) за левове. |
| Was kostet ... | kólko strúwa ... | Колко струва ... |
| ... ein Brief ... | ... pissmó ... | ... писмо |
| ... eine Postkarte ... | ... póschtenska kártitschka ... | ... пощенска картичка |
| ... nach Deutschland? | ... do germánija? | ... до Германия? |

## ZAHLEN

| 0 | núla | нула | 11 | edinájsset | единайсет |
|---|---|---|---|---|---|
| 1 | ednó | едно | 12 | dwanájsset | дванайсет |
| 2 | dwe | две | 20 | dwájsset | двайсет |
| 3 | tri | три | 21 | dwájsset i ednó | двайсет и едно |
| 4 | tschétiri | четири | 50 | pedessét | петдесет |
| 5 | pet | пет | 100 | sto | сто |
| 6 | schest | шест | 101 | sto i ednó | сто и едно |
| 7 | ssédem | седем | 1000 | chiljáda | хиляда |
| 8 | óssem | осем | 10000 | désset chíliadi | десет хиляди |
| 9 | déwet | девет | 1/2 | edná polowína | една половина |
| 10 | désset | десет | 1/4 | edná tschétwart | една четвърт |

**REISEATLAS**

# Reiseatlas Bulgarien

Die Seiteneinteilung für den Reiseatlas finden Sie auf dem hinteren Umschlag dieses Reiseführers

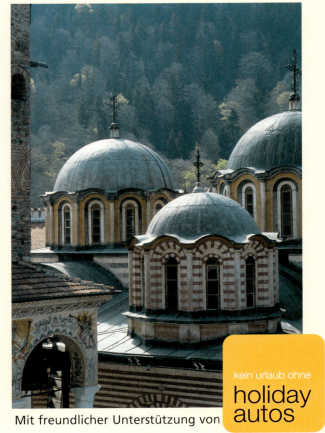

Mit freundlicher Unterstützung von

kein urlaub ohne
**holiday autos**

www.holidayautos.com

anzeige

# total relaxed in den urlaub: einsteiger-übung

1. lehnen sie sich entspannt zurück und gleiten sie in gedanken zu den cleveren angeboten von holiday autos. stellen sie sich vor, als weltgrösster vermittler von ferienmietwagen bietet ihnen holiday autos

   - mietwagen in über 80 urlaubsländern
   - zu äusserst attraktiven preisen

2. vergessen sie jetzt die üblichen zuschläge und überraschungen. dank

   - alles inklusive tarife
   - wegfall der selbstbeteiligung
   - und min. 1,5 mio € haftpflichtdeckungssumme (usa: 1,1 mio €)

   steht ihr endpreis bei holiday autos von anfang an fest.

3. nehmen sie ganz ruhig den hörer, wählen sie die telefonnummer **0180 5 17 91 91 (12cent/min)**, surfen sie zu **www.holidayautos.com** oder fragen sie in ihrem reisebüro nach den topangeboten von holiday autos!

kein urlaub ohne
holiday autos

# KARTENLEGENDE REISEATLAS

| | |
|---|---|
| le Mans-Est | Autobahn mit Anschlussstelle / Motorway with junction |
| Datum, Date | Autobahn in Bau / Motorway under construction |
| Datum, Date | Autobahn in Planung / Motorway projected |
| ℝ | Raststätte mit Übernachtungsmöglichkeit / Roadside restaurant and hotel |
| ℝ | Raststätte ohne Übernachtungsmöglichkeit / Roadside restaurant |
| ⓔ | Erfrischungsstelle, Kiosk / Snackbar, kiosk |
| Ⓣ Ⓐ | Tankstelle, Autohof / Filling-station, Truckstop |
| | Autobahnähnliche Schnellstraße mit Anschlussstelle / Dual carriage-way with motorway characteristics with junction |
| | Straße mit zwei getrennten Fahrbahnen / Dual carriage-way |
| | Durchgangsstraße / Thoroughfare |
| | Wichtige Hauptstraße / Important main road |
| | Hauptstraße / Main road |
| | Sonstige Straße / Other road |
| | Fernverkehrsbahn / Main line railway |
| | Bergbahn / Mountain railway |
| | Autotransport per Bahn / Transport of cars by railway |
| | Autofähre / Car ferry |
| | Schifffahrtslinie / Shipping route |
| | Landschaftlich besonders schöne Strecke / Route with beautiful scenery |
| Routes des Crêtes | Touristenstraße / Tourist route |
| | Straße gegen Gebühr befahrbar / Toll road |
| ×—×—× | Straße für Kraftfahrzeuge gesperrt / Road closed to motor traffic |
| | Zeitlich geregelter Verkehr / Temporal regulated traffic |
| 15% | Bedeutende Steigungen / Important gradients |

## Kultur / Culture

| | |
|---|---|
| ★★ **PARIS** / ★★ *la Alhambra* | Eine Reise wert / Worth a journey |
| ★ **TRENTO** / ★ *Comburg* | Lohnt einen Umweg / Worth a detour |

## Landschaft / Landscape

| | |
|---|---|
| ★★ **Rodos** / ★★ *Fingal's cave* | Eine Reise wert / Worth a journey |
| ★ **Korab** / ★ *Jaskinia raj* | Lohnt einen Umweg / Worth a detour |
| ※ ψ | Besonders schöner Ausblick / Important panoramic view |

## Ausflüge & Touren / Excursions & tours

| | |
|---|---|
| | Nationalpark, Naturpark / National park, nature park |
| | Sperrgebiet / Prohibited area |
| 4807 ▲ | Bergspitze mit Höhenangabe in Metern / Mountain summit with height in metres |
| (630) | Ortshöhe / Elevation |
| | Kirche / Church |
| | Kirchenruine / Church ruin |
| | Kloster / Monastery |
| | Klosterruine / Monastery ruin |
| | Schloss, Burg / Palace, castle |
| | Schloss-, Burgruine / Palace ruin, castle ruin |
| | Denkmal / Monument |
| | Wasserfall / Waterfall |
| | Höhle / Cave |
| | Ruinenstätte / Ruins |
| | Sonstiges Objekt / Other object |
| △ | Jugendherberge / Youth hostel |
| | Badestrand · Surfen / Bathing beach · Surfing |
| | Tauchen · Fischen / Diving · Fishing |
| ✈ | Verkehrsflughafen / Airport |
| ⊕ ⊕ | Regionalflughafen · Flugplatz / Regional airport · Airfield |

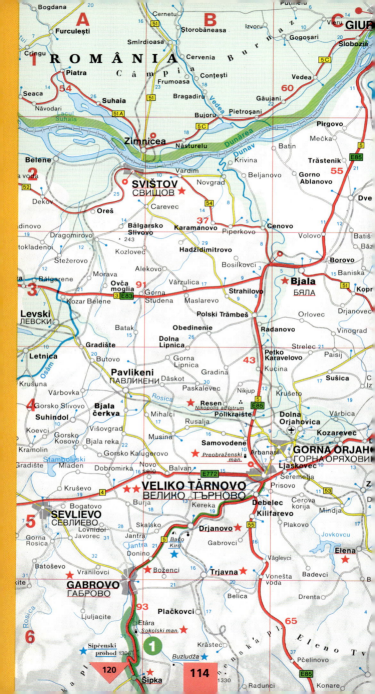

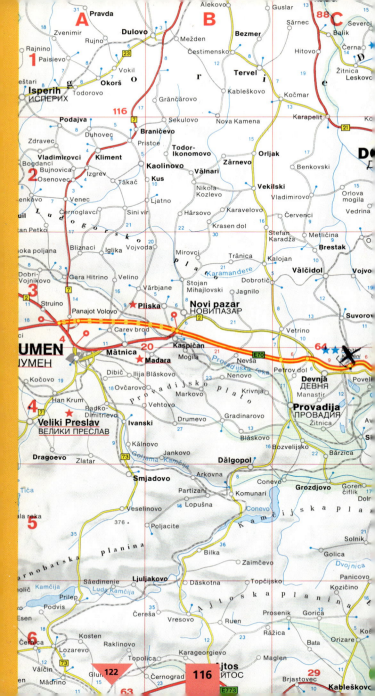